查理·芒格致股东的信

李永宁◎编著

中国友谊出版公司

图书在版编目（CIP）数据

查理·芒格致股东的信 / 李永宁编著. -- 北京：中国友谊出版公司，2022.3

ISBN 978-7-5057-5407-2

Ⅰ．①查… Ⅱ．①李… Ⅲ．①股份有限公司－企业管理－经验－美国 Ⅳ．① F279.712.46

中国版本图书馆 CIP 数据核字（2022）第 016274 号

书名	查理·芒格致股东的信
作者	李永宁　编著
出版	中国友谊出版公司
发行	中国友谊出版公司
经销	新华书店
印刷	三河市冀华印务有限公司
规格	700×980 毫米　16 开 17 印张　193 千字
版次	2022 年 5 月第 1 版
印次	2022 年 5 月第 1 次印刷
书号	ISBN 978-7-5057-5407-2
定价	58.00 元
地址	北京市朝阳区西坝河南里 17 号楼
邮编	100028
电话	（010）64678009

如发现图书质量问题，可联系调换。质量投诉电话：010-82069336

目 录

前言 / 01

第一章　挖掘企业的内在价值，做好价值投资

搜寻那些不需要过分操心的好企业 / 002

投资拥有天才管理者的优秀企业 / 006

投资那些专业性更强的企业 / 010

寻找那些拥有经济特许权的企业 / 014

选择那些拥有充足现金流的公司 / 018

投资差异化明显的企业 / 022

不要以价格波动来判断企业的价值 / 027

第二章　坚持长线投资的策略，利用时间来挣钱

借助复利，让财富在斜坡上滚雪球 / 032

找到了一家伟大的公司，只需要长期持有就行 / 036

保持耐心，等待最佳的机会出现 / 041

　　　　长线投资意味着要做好充分的准备 / 045

　　　　以发展的眼光看待问题 / 050

　　　　了解未来发生什么比何时发生更加重要 / 053

第三章　使用集中投资策略，提升投资回报率

　　　　投资少数投资回报率高且概率较高的优质企业 / 058

　　　　在一些想都不用想的项目上加大投资筹码 / 063

　　　　把大部分资金集中在自己最擅长的领域内 / 067

　　　　形成一个简单高效的投资组合 / 071

　　　　抛售那些不挣钱的业务 / 075

　　　　给自己持有的优质股加注 / 079

第四章　保持投资思维的独立性

　　　　从众只能获得平均收益 / 084

　　　　当别人贪婪时要恐惧，当别人恐惧时要贪婪 / 088

　　　　不要轻信分析师和专家的意见 / 092

　　　　不要让具有表态综合征的人做决策 / 097

　　　　拒绝谣言，保持独立的分析能力 / 101

　　　　好的公司是建立在批评基础上的 / 105

第五章　提升风险控制能力，打造安全界限

　　　　不要沉迷于沉没成本，坚持及时止损 / 110

　　　　打造更完善的风险规避机制 / 114

　　　　明确自己的能力范围，不做自己不擅长的投资 / 119

主动远离那些难以解决的问题 / 124

找出失败的原因，避免犯下大错 / 129

在有鱼的地方捕鱼 / 133

不值得做的事情就不要去做 / 137

第六章　保持高效的思维模式，做出合理的决策

保持简单的投资理念，避免复杂化 / 142

构建多元化的思维模型 / 146

遇事多问几个为什么，深入挖掘信息 / 150

勤于思考，积极挖掘事物的本质 / 155

不要僵化自己的思维 / 159

每天都要获得进步 / 163

打破自己最喜欢的想法，实现思维突破 / 167

第七章　努力不让自己变成愚人，而不是成为智者

保持理性，不要在情绪波动时做出决策 / 172

嫉妒心会让人陷入困境 / 176

拒绝对事物怀有偏见 / 180

培养更加崇高的道德品质 / 184

不要同情自己的遭遇 / 188

努力提高自己的意志力 / 192

第八章　成功有时候需要从简单的事情入手

想要获得成功，最重要的是追求常识 / 198

降低自己的期望值 / 203

远离那些愚蠢的人 / 208

让利于人，追求双赢局面 / 213

强化个人的时间管理能力 / 218

节省开支，培养生活俭朴的特质 / 222

第九章　打造一个优秀的团队

着手内部改革，远离官僚主义 / 228

寻找一个理想的合作伙伴 / 233

隐藏自己的智慧，凸显他人的聪明才智 / 237

塑造强大的企业文化 / 241

培养出色的接班人 / 245

好的团队首先要注意保障股东的利益 / 249

前　言

和国际上其他声名显赫的投资者相比，在很长一段时间内，国内有很多人对查理·芒格并不了解，尽管他之前也在一些杂志或者电视上出现过，但多数人对他的印象可能并不深，只是在最近几年，或许是投资比亚迪之后，国内的投资者才开始慢慢地认识并喜欢上芒格，而且这里所谓的认识大都是通过巴菲特的铺垫展开的。针对这种情况，有人曾这样做出评论："如果你是投资人士，抑或你对投资有着浓厚的兴趣，而你又不知道查理·芒格，那么你的投资能力可能还不够专业；如果你需要沃伦·巴菲特的铺垫才恍然得知查理·芒格的伟大，那么这是投资界、证券界的悲哀，更是整个金融界，乃至新闻传媒界的悲哀！"事实上，芒格一直都被巴菲特当成秘密武器，他的能力在业内是公认的大师级水准，在思维层次上，很少有人可以达到他的水平。

不同于巴菲特的光芒四射，芒格在很多时候都被当成一个依附于巴菲特和伯克希尔公司的角色来看待，这使得他很容易被其他人的高光掩盖，加上他本身非常低调，并不太喜欢在公共场合露面，也没有太多强势而惊人的投资项目，以致很多人无缘窥见他的伟大，但他的确在投资上展示出了强大的天赋。

事实上，芒格早期当过律师，他当时的时薪只有20美元，这就使得他存钱比较困难，为了赚更多的钱，他选择进行商业投资，由于运作得当，很快在一个名为"自治社区工程"的地产项目中获得了超过百万美元的盈利。这笔钱让他第一次真正尝试到了有钱人的滋味和财富的重要性，但更重要的是，在这之后，他对投资产生了兴趣，尤其是对优质企业更为看重。

1959年，巴菲特的第一批投资者中有一位名叫埃德·戴维斯的人，他向巴菲特介绍了芒格，这个投资者轻轻松松就向巴菲特投资了10万美元，这样的信任让巴菲特感到吃惊，与此同时，戴维斯又非常信任芒格，这反而让巴菲特对芒格产生了兴趣。

1962年，芒格开了一家律师事务所，同时开了一家对冲基金公司，在8年时间里，该基金的年回报率达到了惊人的37.1%，而同期的标普指数只上涨了6.6%，这显示出了他非凡的投资天赋。

当巴菲特邀请他一同合作的时候，芒格的价值开始获得进一步释放的机会，作为巴菲特最重要的合伙人与最值得信赖的搭档，芒格展示出了一个理想投资人应该有的素养，无论是视野、智慧、能力、思维层次、品行，还是年龄，他都称得上是一个完美投资人的典范了。以致巴菲特在谈到自己的成功时，非常谦虚地说："查理拓展了我的视野，让我以非同寻常的速度从猩猩进化到人类，没有查理，我会比现在贫穷得多。"芒格说巴菲特即便没有自己的帮助，也一样会依靠自身的悟性和能力获得成功，这不是吹捧，但巴菲特肯定不会是现在这样，或者说他想要取得目前的成就也许还要往后推迟很多年。

巴菲特是世界上顶级的投资大师，但他仍旧需要芒格的帮助，在每一次的伯克希尔股东大会上，巴菲特都会邀请芒格出席，理由很简单，他觉得全世界的投资者包括自己都需要倾听芒格的高见。他一直都希望芒格可以多说一些话，所以每次在回答完别人提出的问题之后，巴菲特都会习惯性地把头转过去："查理，你觉得呢？"在通常情况下，芒格会简单补充两句话，要么就直接说："我没什么要补充的。"这种合作上的默契，体现出了巴菲特对老搭档无限的敬意和信任。

比如，1989年9月，伯克希尔收购了通用再保险公司，这样的收购引起了全世界的关注，所以大家自然而然地将目光聚焦在了当年的股东大会上，希望可以获得更多有价值的信息。但芒格似乎预料到了当天的盛况，低调的他干脆选择不出席，这让巴菲特感到无奈，所以那天他直接让人搬来了一张芒格的画像，然后放在自己身旁的座位上。当巴菲特回答完问题之后，他就随手打开录音机，里面传来芒格常说的那句话，"我没什么要补充的"。

巴菲特对于芒格的推崇和尊重并不是盲目的，芒格的存在的确为巴菲特和伯克希尔公司注入了活力，即便是他的子女，也认为芒格是他们见过的最聪明、最博学的人。关于芒格的重要性及强大的个人魅力，大部分可以从他在伯克希尔年会、股东大会、年报说明及《每日期刊》年会的致股东的信中表现出来，在这些信中，查理·芒格基本上阐述了他一生的投资理念。

重要的是，这些信件都不是独立存在的，也不能分裂开来独立进行分析，它们构成了芒格的一个投资体系，无论是对伯克希尔公司，还是他投资的其他公司来说，都可以找到这个投资体系的印记以及存在的价值。如果认真阅读和分析他在过去几十年时间里写给股东的信，就可以发现这些信件的内容基本上体现出芒格的思维和理念，而且它们是一直处于验证和完善状态中的。

比如，伯克希尔·哈撒韦就是芒格花费精力最多的一笔投资，这家成立于1956年的公司到了1969年才变成巴菲特的投资总部,再到1986年第一次伯克希尔股东大会召开时,股价从1969年的40美元上涨到了2475美元。伯克希尔的高速发展,离不开芒格的功劳,因为正是芒格给伯克希尔注入了价值投资的理念。在1986年的第一次股东大会上,芒格强调了价值投资的重要性,而在此之前,芒格已经从收购喜诗糖果身上尝到了甜头。1987年,伯克希尔投资了所罗门公司,芒格对外声称,所罗门是价值投资的典范。1989年,伯克希尔以6亿美元资金购入吉列公司的可转换优先股,芒格在当年的股东会和年会上都对这笔交易赞不绝口,他认为吉列公司拥有无可比拟的竞争优势,考虑到每天有数亿人醒来就需要吉列的产品,人们根本无法拒绝它。

在标的公司的筛选方面,芒格和巴菲特各有自己的想法。需要注意的是,巴菲特之前是格雷厄姆的弟子,他对于投资的看法多多少少受到了格雷厄姆的影响,但格雷厄姆的投资理念有一些狭隘的地方,比如,他一味强调购买廉价股票,而这让他吃尽了苦头。

一次,在接受采访的时候,芒格就谈到了伯克希尔公司的一些错误投资:"我和巴菲特买过一个纺织厂,那就是伯克希尔·哈撒韦,除此之外,还买了一个加州的存贷行韦斯科,很不幸的是,这两家企业都给我们带来了重大的灾难。而事实上,我们在掏钱购买它们的时候,只花了很少的钱,公司的价格都比直接清算价值打折后还低。"

芒格给投资注入了新的活力,那就是强调企业的内在价值,这给伯克希尔公司带来数十年的繁荣。那么企业的内在价值应该如何进行评估呢?按照芒格的说法,内在价值高的企业首先必须具有又宽又深的护城河。在1995年伯克希尔股东大会的致股东的信中,芒格强调:"理想的生意是一座了不起的城堡,城堡里住着一位诚实的勋爵,城堡四周则拥有宽阔、坚固的壕沟。壕沟负责抵御外来的进攻，还能有效降低成本，这些壕沟往往是商标、规模和技术优势。"

2003年，当别人问起他心仪的几家公司时，芒格不假思索地脱口而出：吉列公司、可口可乐公司、喜诗糖果。这几家公司拥有定价权和品牌效应，其他竞争者对其根本构不成什么威胁。2009年，芒格又公开谈到了伯克希尔的企业文化和商业模式，认为这是企业保持竞争优势的关键。

总的来说，芒格认为，投资者应该选择那些具有竞争优势的企业。不过有价值并不意味着就能最大限度地从中获利，因为投资方式往往直接决定了投资的回报，而芒格的策略就在于他非常巧妙地在原有的价值投资体系中纳入长期投资的策略，把时间引入投资理念当中。正像他在1990年伯克希尔年会上所说的那样，企业应该投资一些"傻瓜式"公司，而可口可乐和《华盛顿邮报》就是这类公司，人们投资之后完全不用去操心太多，股价的波动也不会困扰伯克希尔，因为这些公司始终享有优先留置权。

不少人质疑芒格的做法，认为芒格忽略了通货膨胀，毕竟随着时间的推迟，膨胀只会越来越大。芒格在接受采访时，对这个问题进行了回应："在很早那个年代，我记得汉堡包才5美分一个，最低时薪更是只有40美分，而现在呢？明显出乎意料，从过去到现在，我见证了巨大的通货膨胀，但这些膨胀真的摧毁了投资环境吗？我可不这么认为。"

之后，在点评投资策略和选项时，芒格非常坚定地强调美国广播公司、可口可乐、盖可公司、《华盛顿邮报》之类的优秀公司就是"永久"控股公司。事实上，他此前就一再声明，芒格家族不会考虑某一天要抛售手中有关伯克希尔、好市多公司的股票。在伯克希尔公司年会上，他告诉众人这样一个秘密："如果购买了一家伟大的公司，那么接下来的日子里只要坐在那儿等着公司发展就行了。"

不过好的公司从来都不多，芒格强调，自己一生中也只是投资了几只股票，但是那也已经足够了，就像他无数次在年报上强调的那样，有的人一辈子只投资一家伟大的公司，那也能够取得非常可观的回报。对他来说，长期持有那些高价值的企业实际上体现出了他的另一个投资策略：集中投资策略。他在多个场合都谈过集中投资的问题：如果一家企业每年都有惊人的回报，那么就不需要去考虑什么时候出售，也根本不需要考虑其他的投资选项。

比如，在1996年的伯克希尔股东大会中，芒格致信股东，严厉抨击了现代资产组合理论，并重点对分散风险（分散投资）的策略提出了批评。在他看来，学校里谈论的金融知识都是在胡说八道，即便是自己这样几乎患有老年痴呆的人也能够一眼看出，现代资产组合理论就是一种不入流的投资理念。

不仅如此，在2008年写给股东的信中，他再次将矛头直指高等学校的教育问题，他对学校所谓的精英教育提出了批判，认为它们一味教导别人进行多元化投资，显然是错误的教育和示范。

2019年，在《每日期刊》年会上，他告诫股东只需要把握少数回报率很高的投资即可，而且重点要集中投资那些成功率较高的高回报企业。

芒格呼吁巴菲特和其他股东一定要理性看待投资规模的扩大，避免盲目走多元化道路。在强调集中投资的优势时，芒格还谈到了机会成本："我觉得，将机会成本作为投资筛选标准是一个简单的理念，当一个人拥有值得大笔投资下注的机会，且这个机会比这个人所看到的其他98%的机会更具吸引力，那么就可以直接将其余98%的投资机会给忽略掉，因为他已经知道了更好的机会。事实上，拥有更多投资机会的人获得的投资一般要比投资机会更少的人好一些，毕竟以机会成本进行筛选会帮助投资者做出更合理的决策。当人们持有这样的投资理念时，就会得到一个集中度很高的投资组合——我们并不会对此感到介意的。"

集中投资其实和价值评估是紧密相关的，不过芒格认为并不是所有的好公司都适合自己，投资者必须在一个安全的范围内进行投资。2018年，在《每日期刊》年会上，芒格就强调要远离那些自己不了解或者觉得太难的东西，他认为一个优秀的投资人最重要的就是确保自己不会做超出能力范围的事情，这就是所谓的安全边际，这是芒格一直以来都在强调的一个核心策略，无论是针对自己，还是伯克希尔公司，芒格都要求所有的投资在自己能够看懂和理解的范畴内进行。

早在2000年的一次伯克希尔内部会议上，芒格就重点谈到了科技股的投机潮以及大众对互联网的错误理解，他的措辞异常严厉，甚至直接称其为现代资本主义最极端的发展时期，互联网的出现严重降低了利润率。事实上，在2000年之后的一段时间内，互联网的寒潮开始到来，大量涌入的投机者遭遇重大亏损。因此，芒格建议股东们要保持耐心，学会慢慢积累财富，尽量远离那些自己不了解的东西，规避那些存在重大风险的项目，这才是最重要的，而"保持理性"也成了芒格的一句口头禅。2001年，芒格在信中再次谈到了互联网，并且认为它是一个大陷阱，只有少数发起人真正挣到了钱，而那些信徒和盲从者成了牺牲品。

和互联网类似的还有银行，芒格不喜欢银行，尽管伯克希尔公司投资了几家银行，也不否认这个世界上有很多表现出色的银行，但是银行以及银行家容易出现的那些普遍问题，始终让芒格觉得购入银行的股票就像是入了坑。同样的情况还在于衍生产品上，芒格一直都不太欢迎它们的存在。

有趣的是，2009年，巴菲特竟然签署了股票及高收益债券市场的衍生产品合同，这明显违背了伯克希尔不接触金融衍生产品的承诺，这一次尝试的确引起了很大的风波。芒格对此并不太满意，他认为巴菲特正在冒险。

芒格是非常典型的老派投资者，他看起来甚至有一点固执，尽管他也无数次表示是自己需要跟上时代的发展，但是在安全投资策略的影响下，他是绝对不会轻易去触碰自己不熟悉或者自认为不值得投资的项目的，这也成为整个安全边际理论的核心。

为了保证投资的安全性，芒格还积极推动一些资金保护策略，确保公司具有足够强大的应对风险的能力。以伯克希尔的发展来说，1967年，收购了国民保险公司，保险业务就成为伯克希尔公司的核心业务之一，之后收购了盖可保险公司。为了降低保险业务的风险，1998年6月19日，伯克希尔·哈撒韦公司花费220亿美元和通用再保险公司在内布拉斯加州奥马哈市和康涅狄格州斯坦福市签署合并协议，推行再保险业务。为了筹措这一次收购的资金，之后，巴菲特甚至违背原则，出售了部分可口可乐公司、吉列公司和美国运通公司的股票，也消除了通用再保险公司对伯克希尔公司股价过高的担忧。在1999年的致股东的信当中，芒格强调了持有充足现金的重要性，这样就可以在搜寻到合适的投资标的时确保自己能够及时出手。

2006年，芒格在伯克希尔股东大会上重点谈论了意外事件和灾害给伯克希尔保险业务带来的冲击。在提问的环节中，芒格强调了企业持有充足现金是应对危机的一种可靠方式。按照他的理解，给社会造成600亿美元损失的飓风卡特里娜曾给伯克希尔造成了30多亿美元的赔付，而未来某一天的一场超级飓风可能会给社会造成2500亿美元的损失，那么伯克希尔公司至少需要100亿美元的现金头寸来进行赔付，无论如何，留出这样一笔现金都是有必要的。

总的来说，芒格的投资策略偏向保守，他在多个场合的致股东的信中也并没有否认这一点，但是保守并不意味着思维僵化，和很多投资者、资本家、商人、企业家相比，芒格拥有更加开放和包容的思维，如果认真进行分析，就会发现芒格的致股东的信一直都在不断完善自己的理念。虽然整体的框架（关于长线作业、集中投资、安全边际）并没有出现什么变化，但对于具体行业和项目的选择，芒格意识到了时代发展变化带来的一些机会，他也在努力适应新的时代、新的行业，以及过去一些他认为不合时宜的东西。比如，在2015年的致股东的信中，芒格就这样说道："我觉得伯克希尔做得最好的一件事就是永远都不满足现状，这里的人总是想要了解更多东西。大家一直都在努力学习，所以我们想了解的自然就更多。"

此外，他对于自己的生活和工作都有着良好的思维拓展，尽管他坚持自己的生活理念和投资理念，但他不局限于某个领域之内，就像投资一样，他有自己的想法和思维体系，但从来不会针对那些特定的问题与股东分享自己的投资经验和理念。在写给股东的信中，他一直都希望谈论一些更宽泛的东西，更希望在一个更高的层次和更加宽泛的领域内看待有关投资的东西。事实上，芒格对于所有关于投资理念的介绍并不仅仅停留在那几个重要的要素上，在致股东的信中，价值投资的相关要素虽然是芒格重点强调的内容，但芒格的思维很活跃，几乎会涉猎各种问题，这与伯克希尔股东大会保持开放式交流的模式非常契合。在不同的场合下，巴菲特和芒格会谈论各种问题，美国的经济政策、希腊的债务违约和信用问题、世界能源危机、恐怖袭击、通货膨胀、证券市场、战争、税收、遗产、黄金这些问题看起来很散乱，但其实都和投资息息相关。芒格对诸多问题的分析实际上体现出了投资者对外界环境的考虑，不同的市场环境会对个人的投资产生很大的影响。

有趣的是，在最近几年，芒格越来越多地关注中国市场，他不仅看好中国市场，看好中国企业的成长和中国投资者的进步，还为自己率先进入中国市场感到骄傲。比如，2018年的年报点评中，他就强调自己有很大一笔资金投入中国市场，并且由李录进行管理。在2019年《每日期刊》年会后的采访中，芒格再次强调了对中国市场的信任，当时美国已经与中国在贸易领域产生了摩擦，市场也出现了恐慌，连苹果公司的股价也开始下跌，但芒格认为，自己仍旧会持续关注中国、投资中国市场，甚至打算继续加大投资。

到了2021年的一次采访中，芒格公开谈到了一个不凡的观点：中国的企业比美国的企业更加强大，发展速度更快。因此，他给股东的建议是把握未来投资的两大模式，一个是长期投资，另一个是逆向思考，只要把握其中一种模式，就可以更好地把握中国市场的投资机会。他为自己把握住了中国市场的投资机会而感到高兴，并暗示更多的人应该进入中国市场搜寻机会。

有关中国，他有着自己独特的认知，而一切源于他对中国文化、中国市场、中国思维的理解。芒格对中国和印度市场的看好，正如这两个国家的人喜欢他一样。如果说中国人和印度人对巴菲特的推崇更多地体现一种为对追求资本的兴趣，那么这两个国家的人对于芒格的喜爱则更像是一种对正好契合东方神秘力量的能量的审美追求。事实上，芒格身上展示出来的西方的理性思维、价值观和东方哲学的美学思维相互交织，使得他看上去像一个出色的投资者，又像是一个优秀的哲学家，一个全能全知的社会学家，他的身上散发着理性、科学、人文、进步等特质，同时又具备东方哲学的包容性。

巴菲特是一个资本追逐者，尽管他一再声称自己挣钱只是为了享受这个过程，相比之下，芒格不那么纯粹，他喜欢投资，但是在做投资的过程中，更像是一个思考者，投资方面的工作只是思考下的一个组成部分。芒格并不是一个将个人生活放在追求商业利益上的人，他对于人生以及世界的运作模式都有深入的思考。他并不是一个格局很小的人，反而会关注很多行业以外、投资以外的事情，比如，芒格就在很多事情上表现得非常乐观，这些事情本身似乎并不存在什么关联。

在2010年，芒格在某次写给股东的信中就谈到了这样四件事。

第一，人类文明最大的问题还是和能源技术有关，只要能解决能源问题，那么人类就找到了可持续发展的出路。

第二，伯克希尔的内部文化还将会伴随企业的发展很多年。

第三，他很高兴人们能够迅速脱贫，中国和印度的脱贫行动令人刮目相看，他非常高兴见到这样的事情发生。

第四，想要获得快乐，关键在于不要对自己追求的东西有太高的期望。

芒格似乎对生活和事业没有那么明显的区分，又或者说他本来就是把工作当成生活的，他似乎并没有刻意把财富积累当成一种事业和人生目标，而是更加注重对社会生活本质的挖掘，对世界运行规律和人生哲学的探索。他总是具有强烈的好奇心和热情，似乎总有新的人生规划和兴趣点。作为一个喜欢物理学和建筑学的人，芒格曾经花费了一年半的时间来重新设计学校的宿舍，因为据不少学生反映，他们并不总是喜欢彼此之间共享睡眠时间和空间。事实上，这个固执的老人完成了自己的作品，虽然没有人对此做出什么评价，而且是一件非专业人士的作品，但芒格认为这很有意义。他还在工作之余研究过生物学知识，研究过双体船的设计，他的知识储备令人印象深刻。

李录和芒格合作了十几年，芒格认为李录是一个非常聪明且值得信任的人。而在李录看来，芒格是一个看起来很矛盾的天才，这位投资大师身上展现出来的入世精神和出世的状态非常典型，而且形成了完美的结合。他对生活和工作中存在的很多问题，进行超出投资范畴的思考和分析，积极探求、积极投资、积极生活。另外，他对自身获得的财富、名望感到不在乎，根本不想被更多外在的事情打扰自己的生活。

本书受限于篇幅，不可能完整地将查理·芒格呈现出来，而且致股东的信只是芒格展示投资和生活理念的一个渠道，但对于想要了解芒格的人来说，这些致股东的信是最佳的信息渠道。正像很多投资者期待的那样，谁都希望芒格可以在更多的渠道发表更多的谈话，但芒格一直都以低调著称，如果不是伯克希尔股东大会及他自己投资公司的股东大会，他几乎很少在公众面前露面，公众所能得到的相关信息并不多，即便这是一个在投资领域活跃了几十年的大师级人物，人们想要像了解巴菲特那样了解芒格几乎是不可能的。

信息的不足，使得芒格在股东大会上的一些发言成了重要的资料，他在致股东的信中的各种立场、观点和思维，一直都是很多投资者和芒格的拥趸重点关注的内容。本书重点从芒格致股东的信出发，通过讲述信中的讲话内容来呈现芒格的投资思想和人生理念。在与股东交流的过程中，芒格就像一个诲人不倦的导师、一个指引者，尽可能地给予股东更多的告诫，避免对方做出傻事。在这些致股东的信中，芒格常常表现出成熟、睿智的一面，他的观点往往很犀利，但是言简意赅，绝对不会多说废话来为自己的观点多做辩解，而且芒格往往习惯了举一些例子，很少会说一些未经证实且没有任何依据的话，他不是一个只习惯于主观推测的人。为了活跃气氛，他和巴菲特都会表现出幽默的一面，显示出他们在整个对话系统中的自信、自然，而这些无疑都会在无形中影响到更多的关注者。

第一章

挖掘企业的内在价值，做好价值投资

搜寻那些不需要过分操心的好企业

"投资一个商业项目,最好是任何傻瓜都可以经营的,因为总有一天会出现一个傻瓜去经营它。只要不出现管理不当的情况,那么这就没有什么问题。"

1990年致股东的信

20世纪50年代,查理·芒格辞掉了律师工作,将辛苦攒下来的钱,投资了一家变压器厂。可是由于变压器厂的生意一般,回报并不是很高,他与合伙人不得不一再削减业务,苦苦挣扎。不得已,他只能卖掉这家工厂。这一次的投资不算成功,但是让芒格对投资有了更深的了解。后来,他在写给股东的信中,这样说道:

"一个具有优秀素质的企业和一个濒临倒闭的企业之间有明显的区别:优秀的企业总是可以非常轻松地做出一个又一个决定,而那些表现非常糟糕的企业则一直在接二连三的痛苦抉择中挣扎。"

在芒格看来，"是否需要投资者操心"是评判企业是否优秀的一个重要标准。除了那些优秀的企业之外，其实，巴菲特做过很多次不理想的投资，这些投资给他和芒格带来了诸多困扰。比如，芒格极力反对的所罗门兄弟公司，从购入这家公司开始，问题接踵而来，巴菲特几乎就没睡安稳过，它几乎摧毁了巴菲特的个人声誉以及整个伯克希尔。还有就是，让巴菲特懊悔不已的，对伯克希尔纺织厂的收购。巴菲特当初买入这家纺织厂，就一直面临亏损，纺织业务整整赔了21年，而且还时不时担心它会倒闭破产。直到1985年，巴菲特果断出手，将其关闭并改造成为一个"壳"，最后孵化出了一大批优秀的公司。按照巴菲特的说法，如果当初放弃伯克希尔，而是投资其他的公司，那么投入的那些资金早就为他带来了几百倍的回报。

反过来说，那些不需要操心的企业，通常拥有非常稳健的发展状态和可观的回报，重要的是，整个企业的发展有自己的动力引擎和相对稳定的模式，投资者一般可以放心地进行投资，并且能够保证自己在长期持有股票的前提下获得稳定的收益。有人曾经这样描述理想的投资形态，那就是投入资金之后，什么也不用去管，每年获得分红，或者在10年、20年后，想起来自己还有一笔投资，打开账户一看，这笔投资已经产生了几十倍的回报。

事实上，巴菲特早年在收购公司时，会深度介入标的公司的运营和管理工作，可是在收购其中一些公司之后，出现了很大的问题，巴菲特团队干涉性的管理不仅没有起到作用，反而带来了很多新的问题。芒格加入巴菲特的团队之后，开始对这种干涉模式进行管理，要求巴菲特尽可能地远离标的公司的管理工作，而是要求对方管理层自己来解决问题。这是一个重要的变革，但问题在于很多公司的管理水平实在非常糟糕，内部的很多问题一时之间难以靠他们自己来解决，如果投资者放任不管，最终可能会被对方拖垮。面对这些现实的问题，芒格表现得很淡定，他认为一个聪明的投资者从一开始就不应该挑选那些需要让自己费心的企业，而要擦亮眼睛，选择一个让人放心、省心和舒心的企业。

在投资中，这样的企业可遇不可求，是很多投资者梦寐以求的理想标的，但是也并非无迹可寻。事实上，如果对伯克希尔的发展进行分析，就会发现，它一直都在努力寻找那些商业模式良好、拥有良好企业文化和出色管理层的企业。在芒格和巴菲特看来，这些公司具有的一个重大优势，是它们通常不存在什么大问题，而且基本上拥有自我调整、自我完善的能力，管理者可以轻松解决那些问题，而不用投资者为企业的发展操心。

比如，吉列公司和可口可乐公司，这两家公司的商业模式都非常强大，任何竞争者都不可能在短时间内对其造成什么威胁，它们还有强大的企业文化，能够确保企业在正确的方向和模式中健康发展好多年。喜诗糖果拥有无可比拟的市场影响力和品牌价值，无论出现什么经营情况，都不大可能影响它在消费者心中的地位。比亚迪则拥有强大的技术优势和出色的管理者，在发展上，比亚迪有更好的规划。

芒格和巴菲特曾经说过，伯克希尔只是专注于投资其他公司，至于公司的运作和管理，他们根本不会干涉，也没有必要进行干涉。2002年的时候，芒格就非常自豪地向外界展示了伯克希尔的"运气"，他觉得不少公司的并购部门拥有庞大的规模，他们花费大量的时间做调查，可以说是尽职尽责，可问题在于其收购来的2/3的公司都不怎么理想。反观伯克希尔公司，他们基本上没花什么时间就做了一些很好的投资，他们一直在等待不用费脑子的事，等待着出现一些非常好打的慢球。

需要注意的是，伯克希尔公司对很多公司的投资和收购都是发生在这家公司出现较严重的问题并导致股价下跌的情况下，但这些并不代表标的公司就是一家垃圾公司，就需要花费巨大精力进行调校与整合。就像伯克希尔购入可口可乐公司的股票时，这家公司的股价的确不高，而且长期发展低迷，但它的价值很高，公司的基本面都很不错，根本不需要花费什么精力去管理。事实也证明了这一点，在购入可口可乐的股票之后，伯克希尔在10年内就获得了超过10倍的回报。

总的来说，当企业的经营和管理都经得起考验，处在一个稳定的、合理的范畴内，且拥有良好的企业文化时，很多问题都可以得到解决，根本不用投资者加以干涉，而这样的公司是符合芒格的投资理念的。

投资拥有天才管理者的优秀企业

"好市多是依靠天才管理而成长为行业翘楚的一个典型,仅仅是韩国的一家分店,一年的销售额就达到了惊人的4亿美元。它的成功是明智的管理、良好的企业道德和勤奋的市场运作结合下的产物,这在整个行业中都是非常罕见的。"

2010年致股东的信

芒格一直都在努力寻找那些不需要过分操心的优秀企业。而这里谈到的优秀,虽然更加看重的是商业模式、企业文化,但并不意味着管理者就无关紧要,毕竟在一个糟糕的管理体系下,企业的运作会遭到很大的冲击,所以芒格实际上还是对管理层提出了一些要求,他觉得管理层应该拥有一些更美好的品质,诸如正直和诚实。

在内部管理上,巴菲特和芒格就对管理人员提出了一些基本要求,他们必须表现出一些优秀管理者应该有的品质。比如,在2016年的股东大会上,芒格就致信给股东:

如果要寻找一个合适的经理人，那么需要满足三个基本条件，即头脑聪明、精力充沛、诚实正直。其中，最后一个条件最重要，一个人要是不符合最后一个条件，那么最好也别符合前两个条件。因为一个不诚实的人，最好还是让他变得又蠢又懒比较稳妥。

在2016年致股东的信上，芒格强调了一个变化，那就是伯克希尔以前会投资那些傻瓜也能管理的企业，但现在不会这么做了，因为管理者的水平直接影响了这家企业的发展和未来的走向，一个什么也不懂的傻瓜可能会让一家优秀的公司沦为平庸。在投资标的的选择上，他对管理者的水平要求越来越严格，比如，芒格一直都不太喜欢投资银行，尽管后来伯克希尔也投资过几家银行，但是在芒格看来，银行内的问题太多了，管理层良莠不齐，很多管理者都会在面临诱惑的时候做出傻事，他们甚至会把未来的利润挪到现在，以此来虚增利润，即便他们知道这会损害公司长远的发展。事实上，芒格认为银行内的管理者往往缺乏优秀管理者的素养。芒格非常认同巴菲特说过的一个观点：银行很多，但是真正好的银行家很少。对于投资者来说，选择一个拥有优秀管理层和领导者的企业至关重要。

事实上，在他投资的很多企业当中，都有意无意地将管理者的水平当成一个重要的考核标准，比如，在投资好市多的时候，对好市多的管理水平非常赞赏，而出色的管理缘于好市多拥有多位出色的管理者。好市多的前CEO辛尼格甚至被人们当成是可以比肩乔布斯的创新型企业建造者，他将用户体验置于一切之上，这才打造出了好市多强大的管理模式。毕竟并不是谁都可以将一家公司打造成零售业效率最高而实现利润率最小化的，想要做到这一点，没有出色的管理能力是绝对不行的。可以说正是因为优秀管理者的存在，芒格才有底气说好市多是他最满意的一笔投资之一。

同样，1998年买下通用再保险公司时，通用再保险公司虽然名声在外，外部评价其信誉排名行业第一，但了解内情的人都知道这家公司的内部实在是一团糟。不过塔德·蒙特罗斯和乔·布兰登担任要职之后，通用再保险公司的经营状况才开始真正好转起来。

和那些固执地坚守企业基本面信息的投资者相比，对于管理者的重视，使得芒格更愿意将其作为企业价值考核的一个重要因子，他越来越多地意识到优秀管理者在企业经营和管理中所起到的重要作用，因为在他看来，一家企业拥有的"护城河"、品牌价值、商业模式以及企业文化，大多都和企业管理者有关。比如，芒格一直都反对投资互联网公司及科技公司，认为这些公司所处的相关行业泡沫很大，而且也超出了自己所能理解和控制的范畴，但事实上，还是有很多优秀的公司值得投资的。最近几年，巴菲特和芒格也在反思自己在具体投资项目上的一些失误，就像他没有投资谷歌公司，没有投资微软公司，也错过了投资亚马逊公司和苹果公司的最佳时机。

尽管他对这些公司不甚了解，但它们都有一个共同点，那就是拥有伟大的管理者和出色的管理团队。这些公司的企业家基本上都是专业领域内的顶尖人才，他们具有强大的个人魅力，拥有出色的领导力，能够打造优秀的企业文化和商业模式，也能够管理好一支伟大的团队，芒格不可能对此视而不见。同以往的想法不同，芒格意识到一家真正优秀的企业可能会暂时脱离优秀企业家而持续其健康、出色的运作，但如果拥有伟大的管理者和CEO，无疑是锦上添花，他会给企业带来更大的活力以及更好的发展。克莱斯勒在遇到艾柯卡时，只是一家平庸且几乎快破产的车企；通用电气公司在遇到韦尔奇之前，也显得平平无奇。很显然，优秀的管理者会为一家平庸企业注入优秀的因子。

正因为如此，芒格建议投资者将目光集中在那些拥有优秀管理者和管理层的好公司。芒格认为，如果一个投资者拥有30家公司，而且每一家都拥有成绩斐然的管理人员，那么这个人成功的可能性就会高达95%，尽管偶尔也会出现一次问题，但并不会影响大局。

从这个方面来说，对企业的评估，有时候也重点体现在对管理者的评估上，当然，想要评估一个管理者是不是合适的合作对象，评估其是否能够管理好一家企业，往往比较困难，需要有自己的标准。按照芒格的观点，优秀的管理者不仅应该具备出色的经营管理能力，还包括强大的战略思维、出色的专业技能、团结的管理团队，以及强大的领导力。不仅如此，他们在道德品质上还要过硬，比如，为人要诚实守信，要忠于自己的股东，要时刻以团队利益为先。优秀管理者还需要具备一些优秀的品质，如勤奋、上进、专注、理性，有耐心，抗压能力强，具有创造力和冒险精神。总的来说，优秀管理者应该在硬件和软件上都达到高水准，这样才有机会在企业中证明自己的价值，并带动企业提升价值。

投资那些专业性更强的企业

"我觉得现在最好的一种投资方式就是保持专业化,就像人们不会在身患骨科疾病时想着去一个牙医那里看病。所以最常规的一种方式就是慢慢收窄个人的专业范围,实现精细化、专业化。"

2019年致股东的信

2008年9月,伯克希尔公司与比亚迪联合宣布,伯克希尔以每股8港元的价格购入比亚迪2.25亿股的股票,这一次,巴菲特投资了2.32亿美元购入比亚迪公司10%的股份。当时这笔投资引起了轰动,也带来很多质疑。一方面,是因为比亚迪并没有那么出众,大家觉得这家新能源公司和其他所谓的新能源公司一样,没什么特色。另一方面,巴菲特本人对新能源并不了解,对中国企业更不了解,这样的投资显然有些冒险。

但是芒格却强烈建议巴菲特入手,即便巴菲特表现出了明显的疑惑和反对态度,芒格也仍旧坚持劝说巴菲特。为了说服巴菲特,芒格当时在老友面前对比亚迪的老总王传福进行了这样的描述：我发现了一个爱迪生与韦尔奇的合体。巴菲特从未发现芒格如此固执，于是答应去比亚迪公司考察一下。在比亚迪公司参观的过程中，巴菲特有些被打动了，而当王传福为了证明电池的环保而喝下一杯电解液时，巴菲特没有再犹豫，当即决定投资。

之前，芒格给巴菲特传递的信息就是：王传福是一个专业领域的人才，而比亚迪更是一家专业性很强的公司。巴菲特在参观公司之后，很快意识到了这一点，所以没有再次拒绝芒格的建议。事实也证明了芒格的判断，截至2021年8月13日下午4点，比亚迪每股价格已经上涨到273.4港元。

专业性一直都是芒格评价一家公司是否值得投资的重要依据。在他看来，能够在专业领域经营得很出色，能够体现出专业的水准，那么就可以有效把握市场。反过来说，如果一家企业做得不够专业，要么证明它在做自己不了解或者不擅长的事情，要么就证明它不够重视这个市场，安排一些非专业人士来做这项业务，这对企业来说，通常都很致命，投资者不会轻易冒险。

其实这不是芒格第一次强调专业的问题，比如，伯克希尔曾经投资了美国广播公司，这家广播公司旗下拥有很多商业刊物，业务做得很广，但问题在于这些刊物的销量非常糟糕，根本没有多少人关注。芒格在分析之后，找出了问题所在，那就是美国广播公司的大部分刊物都不够专业，无论是刊物的内容，还是设计方式、营销方式都显得业余。而反观竞争对手的刊物，都展示出了专业水准，让人一看就值得信任。在写信给股东时，芒格对于这些刊物的运作非常不满，认为他们过于敷衍了事，这样是无法取悦读者的。

此外，芒格重点表扬了美国广播公司旗下的《越野摩托》，这款刊物的内容看上去有些弱智，芒格甚至认为它就是给疯子看的，但问题在于它收获了一大批忠实的粉丝，销量非常高。芒格认为自己看不懂这个杂志，因为他对于越野摩托这项疯狂的运动根本不感兴趣，也不了解，但这个刊物对于那些喜欢玩越野摩托的人来说，无疑提供了非常专业的内容，正是因为专业性非常强，它在竞争中一直都处于领先位置。

针对这个情况，芒格在信中强调了一个观点，那就是让美国广播公司进行瘦身，寻找专业化更强的项目，而不是盲目扩展规模。而这一点对于任何一家企业都是适用的，因为只有专业化的东西才能真正吸引投资者，才能吸引客户的关注。为了解决类似的问题，芒格还主张采取精细化的管理方式，将业务和权力进行细分，让专业人士管理专业业务，这就类似连锁店的经营。

在谈到专业人士负责专业问题时，芒格曾经说过：

如果某个商店的小老板因为供货商的推销，而打算购买其中的27种不同商品，那么他有很大的概率会做出一些非常愚蠢的决定，原因就在于，他不可能对所有的产品都了如指掌，甚至于连采购这样的基本工作，他可能也不那么精通。但是如果所有的采购工作都是由连锁店的总部来完成，那么情况就要好很多了，因为商店老板完全可以邀请一些精通相关产品（如冰箱采购）的人来完成这些工作，他们的工作会变得更加合理高效。

从管理者的角度来说，这是提升效率和吸引投资的一个可行方法，而从投资者的角度来说，如果一家公司体现出了自己的专业化，让专业人士来负责专业事务，然后为市场提供专业的产品，那么它的产品至少是值得信任的。

　　在评估一家企业的内在价值时，专业性是一个重要指标，但很多公司在盲目扩张的时候，常常忽略了专业化的重要性，比如，很多公司本身是做房地产的，但是却想尽办法去做智能手机、造汽车，或者投资VR技术和AR技术，这就是典型的不专业。尽管他们可能会招揽相关的人才，但是由于缺乏技术基础和对科技产品的运作经验，他们基本上很难像那些专业的手机制造商、汽车制造商和智能技术的公司那样成功。这样的企业虽然可能会短时间内引起市场的关注，但对于投资者来说，根本不具备什么吸引力。

　　对投资者来说，在搜寻合适的投资标的时，必须从专业性入手进行考量。这里强调的专业性包括：业务的专业性，即是不是专业经营相关业务的企业；同时也包括团队的专业性，即是不是安排专业的管理者经营相关业务，安排专业的执行者执行业务中的各项计划。

　　除了让专业的企业经营专业的业务，安排专业的人做专业的事，投资者还要弄清楚标的企业是否一直在做相关的业务，是否在专业领域内拥有竞争优势，是否依靠自己的专业化在市场上拥有话语权，甚至是定价权。

寻找那些拥有经济特许权的企业

"有很多连锁饭店都无法在市场上生存下去（如霍华德·约翰逊连锁餐厅），比起刀片生意，饭店生意要难做很多。事实上，人们总是惦记着要吃那些更加便宜的东西，而吉列却没有这样的烦恼，大部分客户并不打算也不会轻易改变剃须习惯，而目的仅仅是节省几美元的开支，这就是吉列超级感应刀片可以在市场上大获成功的原因。"

1997年致股东的信

"竞争战略之父"迈克尔·波特认为，竞争优势有低成本和差异化两种基本优势。在多数时候，企业更加倾向于通过寻求差异化来提升自己的竞争优势，并且积极构建属于自己的经济特许权。伯克希尔公司在投资的时候，就侧重于追求那些具备经济特许权的企业，巴菲特还制定了经济特许权的一些标准："一项经济特许权的形成，其产品或者服务往往具备以下特征：一是这些产品或服务迎合了顾客的需要和渴望；

二是顾客认定市场上没有这些产品或服务的替代品；三是这些产品或服务可以自己定价，价格不会受到管制。当一家企业的产品或服务拥有以上三个特点时，这家公司可以对所提供的产品或服务进行主动提价，以便获得更高的回报。不仅如此，经济特许权可以有效抵挡不良管理的冲击，一些无能的经理人会影响企业经济特许权的获利能力，但是企业的经济特许权并不会因此消失。"

1988年，伯克希尔在喜诗糖果上的巨大收益，使得芒格与巴菲特意识到了经济特许权的重要性。要知道在这之前，喜诗糖果已经数次涨价，但喜诗糖果拥有最终的市场定价权，即便涨价7%，消费者照样会买账，基本上不会引发市场的过度反应。在这之后，巴菲特与芒格都认为，有必要购买可口可乐公司的股票，因为可口可乐公司就是少数拥有经济特许权的公司。

经济特许权是打造企业"护城河"中的一个重要因子。一般来说，拥有经济特许权的企业基本上在市场上不会遭遇太大的阻击，因为没有竞争对手能够威胁到它在市场上的地位。那么什么样的企业才具有经济特许权呢？什么样的企业可以自行定价而不会受到约束呢？

从行业角度来分析，行业或者公司具有定价能力（壁垒）通常都是因为背后拥有某种垄断性力量，这种垄断力量可能源于先天具备的优势，也可能是后天依靠自身发展起来。具备先天优势的企业通常都集中在能源产业，如电力、石油、电信，还有一些就是和景区景点的经营有关的企业或者机构。比如，国内的很多石油公司就拥有定价权，产品的价格是变动的，它们可以依靠市场的具体变化进行价格调整。需要注意的是，定价权并不等同于涨价，因为单纯地涨价有可能是通货膨胀、

015

金融危机和市场供不应求引起的，而定价权则意味着企业拥有更强的自主性。

对于那些依靠自身发展起来的企业来说，想要获得定价权比较困难，但是当自己拥有无可比拟的产品优势、技术优势或者商业模式优势时，就有可能掌握定价权。比如，这些年苹果一直都是世界上利润最高的手机品牌，在巅峰期，几乎90%以上的手机利润都被苹果手机取走了。为什么会这样呢？就是因为苹果手机拥有强大的品牌效应、创新能力以及完善的生态系统，它在市场上拥有足够的定价权，可以将产品价格定得很高，而消费者仍旧愿意为高价买单。其他品牌的手机则缺乏这样的优势，一旦提到一个更高的价位上，产品很有可能就会被市场淘汰。又比如，茅台酒，它可以制定很高的价格，而且最近几年一直在上涨，但是消费者仍旧愿意为高价买单，这就是因为茅台酒拥有无可比拟的产品优势，其中，它具备的品牌优势是最关键的因素。最近几年，芯片成了一个国际热点话题，而世界上最顶尖的芯片设计和芯片制造公司就拥有产品定价权，这是典型的技术优势。

在芒格看来，拥有定价权的企业非常少，那些真正拥有定价权的公司往往有以下几个特点：这家公司的产品和服务足够优秀，具有独特的吸引力，相关的产品和服务是必需品，且市场上没有同等档次的替代品，此类产品、服务在行业中不存在产能过剩的情况，产品和服务的价格不会受到政府的管制。

此外，拥有定价权的企业，其产品和服务的买家比较集中，而且大都对相关的产品和服务比较信任，能够产生额外的一些价值体验，或者说他们找不到合适的替代品，不得不购买这些产品。

还有一点也值得投资者参考，那就是定价的频率。如果一个产品最近刚刚涨价，而且涨价的频率还是比较高的，那么就可以重点观察市场的反应，了解消费者有没有对这些涨价行为产生反感，产品的销量有没有受到影响，如果没有，就证明了这家企业及其产品拥有经济特许权。

总的来说，拥有经济特许权的企业在竞争中占据很大优势，无论是市场保有率、顾客忠诚度、竞争压力、发展的空间，都比竞争对手要强，而投资这样的企业，无疑可以带来更稳健、更可观的回报。

选择那些拥有充足现金流的公司

"总的来说,人们需要拥有一定的财务储备,以便在需要的时候能够用到。在《每日期刊》公司里,我就是这么做的,在新型冠状病毒肺炎疫情期间,我和Jerry买了不少小报纸,这样确保在经济复苏后,我们能够在当地刊登更多的广告。这个想法非常不错,我确信公司将会获得更高的回报。"

2021年致股东的信

在价值投资体系中,现金流是一个非常重要的要素,它是企业现金流入和现金流出的总和,常常被当成企业价值评估的重点。

首先,充足的现金流往往证明了企业的经营比较出色。因为无论企业做什么,无论它拥有什么样的竞争优势和商业模式,最根本的一点还是要看企业是否能够将自己的优势转化成资金和收益。按照芒格的说法,企业内在价值的评估对象就是现金流,因为任何一个投资者在做出投资决策之前所看重的标准往往不是技术优势或者资源优势，而是看这些竞争优势能够给自己带来多少投资回报，毕竟一家企业为股东带来更多的现金才是王道。

其次，充足的现金流表明，企业拥有强大的应对危机的能力。要知道企业的发展需要依赖资本的运作，现金流就是企业运作的血液，企业的一切活动都和现金存在千丝万缕的关系，当企业现金流不足的时候，也就容易遭遇资金链断裂的危机。据悉，大部分破产和倒闭的公司都是因为现金流出现了问题。反过来说，当经济不景气的时候，那些现金流充足的企业更容易熬过难关。正是因为如此，很多公司会看重现金流，比如，通用电气公司前CEO韦尔奇就说过："如果你只有三种可以依赖的业务衡量方法，那么应该就是：员工满意度、客户满意度和现金流量。"微软创始人比尔·盖茨多年来一直都坚持确保银行里有足够的资金应对危机："我采取了一种非常保守的做法，我希望即使在没有收到任何款项的情况下，我们银行里也有足够的钱支付一年的工资。"伯克希尔公司也是一样，芒格一直强调要预留出大量的现金来应对不可预知的灾难。

再次，现金流充足的企业，往往在整个产业链中占据重要地位。毕竟大部分交易都要通过现金支付来完成，很少出现应收账款，那些表现强势的企业有雄厚的实力要求产业链中的其他合作伙伴及时支付现金，它们甚至可能动用自己的优势地位压迫上、下游企业迎合自己的需求与行动。从产业竞争的角度来看，现金流充足的企业在整个产业链和市场上会占据更多的主动权，甚至可能形成垄断，这样的企业显然能够带来更高的投资回报。

最后，充足的现金流是企业再次发展和投资的基本保障。当市场环境生变或者经济危机蔓延的时候，市场上会有很多公司面临困境，其中肯定不乏一些优质的公司，对于那些拥有充足现金流的公司而言，他们往往有更大的机会进行抄底，收购那些陷入困境的优质标的。比如，伯克希尔公司就曾在金融危机期间，向陷入困境的高盛集团提供50亿美元的帮助，从而成功换取高盛的股票和认股权证。

当一家企业拥有充足的现金流时，就意味着它的收益很不错，应对危机的能力很强，而且拥有良好的生存和发展空间，拥有强大的再投资能力，这样的企业无疑会成为理想的投资对象。芒格认为，投资者应该重点从这一类企业入手，看看是否存在适合自己的投资对象，伯克希尔公司投资的公司以及芒格自己投资的公司，基本上都是现金流充足的企业。一般来说，芒格会重点查看这些公司的现金流量表，以此来确定企业的现金流是否充足。

需要注意的是，芒格所强调的现金流是自由现金流。简单来说，就是扣除所有的成本以及下一阶段所要投入的资金之后的盈余，用公式来表现就是"自由现金流=净利润+所得税+利息费用+折旧摊销－营运资金的增加－资本支出"，通常也可以直接看作"净利润+折旧－资本支出"。

那么芒格为什么要强调自由现金流呢？原因很简单，那就是很多企业虽然利润很好看，可是盈余下来的资金往往还要为新的生产经营活动做准备，基本上所剩无几，而自由现金流的概念则包含了这一部分潜在的支出，因此，估值时会更加合理。芒格在谈到自由现金流的时候，强调了高自由现金流的原则。

世界上有两种生意：第一种生意每年可以带来12%的收益，到了年底，股东就会拿走所有的分红和利润；第二种生意每年同样可以带来12%的收益，但是管理者不得不将这笔收益重新投资到厂房里，然后他们会指着厂房设备对股东们强调："这就是你们获得的利润。"事实上，我非常讨厌第二种模式。

如果仔细进行分析，芒格对于自由现金流的看重，体现出了一些投资思路，那就是重视投资轻资产项目，而排斥那些重资产项目，因为重资产项目往往会消耗掉利润，赚到的钱往往会花在运营资本的增加、企业的扩张以及资本性支出上，股东所能获得的回报很少。

总的来说，芒格更希望投资者在给企业估值时可以重点考虑自由现金流，投资者需要关注那些轻资产的公司，需要查看公司的现金流量表，找到合适的标的。不过，芒格认为投资者应该看重自由现金流并不意味着自由现金流越多越好，当一家企业手握大量现金的时候，可能就意味着企业的发展已经陷入停滞，或者表明它的扩张之路陷入停滞，这对企业的发展极为不利。对于投资者来说，这样的公司往往也缺乏投资的吸引力。

投资差异化明显的企业

"我认为好市多有一点优势是亚马逊不具备的,即人们非常肯定地相信好市多能够给他们带来很大的价值,这也是我一直都坚定地认为好市多会对亚马逊造成很大威胁的原因之一。"

2021年致股东的信

"竞争战略之父"迈克尔·波特曾经提出了一个观点:竞争优势有两种基本形式,即低成本优势和差异化。其中差异化会带来更为明显的竞争优势,因为差异化就意味着商家可以在一个自己熟悉或擅长的领域击败为数不多的竞争者,意味着商家可以巧妙地将竞争场景转移到自己熟悉的环境当中来。在商业领域,寻求差异化竞争逐渐成为企业生存和发展的重要方法。

所谓的差异化,就是指做别人不想去做、不敢去做、没有机会去做的事情,拥有别人没有的东西。简单来说,拥有能够满足市场需求而别人无法满足市场需求的东西,这类公司通常拥有属于自己独特的竞争优势,竞争对手基本上很难在行业内对它产生威胁。比如,苹果公司之所以可以成为电子产品领域的巨头,主要原因在于,它拥有独一无二的生态系统。苹果公司研发的iOS系统,全世界只有它一家公司在使用,而且几乎所有的产品都是架构在这套系统之上的,至于其竞争者,则很难建立起如此完善而统一的生态系统。又比如,可口可乐公司,它之所以屹立一百多年不倒,而且仍旧牢牢把持全球饮料市场排名第一的位置,很大程度在于,对其独特性的包装。可口可乐公司对外宣称自己的配方是独一无二的,这个被锁在保险库的配方,全世界没有几个人知道,尽管很多人认为,这样的宣传噱头是假的,但投资者和消费者却认为可口可乐就是独一无二的存在。这个世界分为两种可乐:一种是可口可乐,另一种是其他可乐。

芒格认为,差异化是企业构建"护城河"的前提,差异化越明显且带来的竞争优势越大,那么"护城河"的宽度和深度就越惊人,企业的内在价值往往越高。对于那些投资者来说,选择差异化更大的企业或者项目,往往可以获得更高的回报。

芒格曾经回忆了小时候的见闻,那个时候他经常看到某个人一整天在俱乐部里闲逛,看起来无所事事,于是就问父亲这个人怎么不去工作,怎么有钱在这里挥霍,他在这儿究竟做什么呢?父亲告诉他一个真相,这个人实际上是一位出色的经营者,他的业务做得非常出色,收入也非常高,重要的是,本地根本没有人可以和他竞争。原来这个人的主要工作就是帮忙处理马的尸体,这样的工作在很多人看来又脏又累,还有点烦琐,而在这个人看来却是一个好的商机。事实上,芒格在那个时候就对商业产生了兴趣，并且意识到了其中的一些规律，这些规律催生出了他日后投资的一些重要理念。

如果对芒格的投资进行分析，就会发现他基本上都非常看好那些秉持差异化竞争原则的企业，或者说基本上都在按照差异化竞争的模式来挑选标的公司，可口可乐、好市多、比亚迪、苹果公司，这些企业或多或少都在某个领域或者某个项目上存在差异化竞争的优势，或者打造出了差异化的商业模式，因此，它们可以很好地掌控竞争节奏，并为投资者带来丰厚的回报。

差异化竞争往往意味着发展优势以及可观的利润分配，这是芒格一直都在强调的内容，但对于普通投资者来说，想要真正把握住投资方向，想要寻找差异化的企业，还是需要设定一些基本的标准，比如，在挑选投资标的时，可以重点关注以下几个方面。

——拥有独一无二的商业模式

商业模式往往决定了企业发展的属性和发展的可持续性，一个依靠技术和资源抢占市场的企业可能会占据一时的优势，而良好的商业模式则可以带来持续性的发展。苹果依靠iOS系统作为核心支柱，然后在此基础上打造各种产品，并推广自己的App，如果没有这个系统，那么所有的技术研发和产品研发都没有价值。和那些一味搞硬件技术研发的科技公司相比，苹果公司更加注重如何将技术变现，打造一个兼顾技术研发和市场开发的商业模式。同样，伯克希尔公司也有独特的商业模式，它以保险业务为核心，通过浮存金的使用来撬动资本投资的大石，而不像其他投资公司那样，盲目向社会筹集资金投资。所以对于投资者来说，如果一家公司拥有独特、稳定且高收益的商业模式，那么就值得进行投资。

——拥有独一无二的资源

差异化竞争的基本配件还是资源，包括技术、材料、渠道、客户等资源，对于一家公司来说，如果想要在差异化竞争中占据优势，那么就要在资源的控制上对竞争对手形成压迫感。比如，某行业中大部分参与者都生产中低端产品，那么其中一家参与者专门针对高端人群和社会精英推出定制版的产品，这个时候它就可以形成差异化竞争优势，这样的企业自然也更值得投资。又比如，很多出售美食的店家，可能会选择普通的、大众化材料来制作食物，但某些店家则会加入一些珍贵的食材，以此来形成差异化竞争，这样的美食店往往更容易吸引消费者的关注。对于投资者来说，那些拥有特殊资源的企业，往往更容易在行业竞争中脱颖而出。

——提供不一样的服务体验

企业的差异化竞争需要市场来检验，没有经过市场检验的差异化往往会弄巧成拙，所以真正的差异化竞争优势实际上必须给客户和消费者带来不一样的良好体验。无论是技术体验、购买体验、服务体验，还是其他方式的体验，只要让消费者觉得耳目一新且产生舒适感，那么这样的企业就在差异化方面做得很成功，它也就有了更大的资本立足于市场。比如，好市多推行的会员制消费模式就给很多消费者带来了实惠，客户每年只需要花费60~120美元就可以成为它的会员，然后这一年就可以享受巨大的折扣。很显然，类似于这样具备独一无二的绝佳体验的公司，往往会成为投资者眼中的香饽饽。

需要注意的是，寻求差异化并不一定要全面做到与众不同，有时候某一方面或者某一款产品的差异化竞争都能够带动企业的竞争优势。对于投资者来说，最重要的是挖掘其最大的优势是什么，以及这些差异化优势能够持续多久，如果短期内没有竞争对手可以撼动它的优势地位，那么就值得投资。

不要以价格波动来判断企业的价值

"我认为所有股票都会出现波动，实际上一些经营管理出色的银行仍旧是不错的投资标的。"

2021年致股东的信

在很多人的印象中，伟大的企业就应该拥有不断发展和增值的趋势，公司的股价不断上涨，公司的业绩不断增加，如果一家公司的股价处于波动之中，通常就会被认为发展不稳定，缺乏明显的优势。也正是因为如此，当一家企业的股价产生波动，或者在某段时间内处于波动之中时，投资者就会对其产生恐惧心理，看低企业的内在价值。

但事实上，企业的价值和价格波动并没有直接的关联性，草率地将价格波动与内在价值等同起来，无疑会让投资者做出误判。比如，谷歌公司自2004年上市以来，年复合收益率达到了25%，可以说是互联网企业中的一个奇迹，许多投资者都挣得盆满钵满，但是对于更多的投资者来说，他们则因为股价的波动错失了机会。整个2008年，全球网络股股价大跌，谷歌公司更是累计跌掉了56%，当时的谷歌被投资者嫌弃，大家都觉得这是一家充满泡沫的互联网公司，原先观望的投资者干脆选择放弃，持有的则纷纷选择抛售，但是时间证明了谷歌公司的强大与优秀。

同样的情况还出现在奈飞公司，这家2002年上市的公司，多年来的年复合收益率竟然高达38%，可以说这在整个商业史上也非常罕见。但即便如此，它也有过4次跌幅达到50%的时刻，甚至在2011年7月到2012年9月，股价的跌幅达到了82%。面对这样大的波动，投资者几乎绝望了，所以几乎每一次出现大跌，就有大批投资者抛售股票，他们都庆幸自己没有被公司完全套住。可是在多次大的波动之中，奈飞公司的发展势头依旧喜人，各项指标都非常出色，因此，奈飞公司的股票成了长期持有者眼中的香饽饽。

芒格在谈到股价波动时，认为波动只是一种正常现象，再优秀的公司也会出现股价的涨跌，不可能保持一成不变的增长模式，他曾经数次告诫股东，一定要理性看待股价波动。

> 短期股价的波动往往是不可避免的，如果投资者忍受不了这种短期的波动，那么最好远离股市，并且将钱用于购买国债或者干脆存在银行里。

除此之外，芒格还认为股价波动不仅无法成为价值评判的标准，当一只股票出现较大波动时，反而更容易成为投资者的理想标的。在这一方面，他和巴菲特的观点几乎一致。巴菲特曾经就对"股价波动等同于低价值和高风险"的说法给予了反驳:"学术界对于风险的定义实在不怎么靠谱,简直有点荒谬了,举一个例子,根据Beta理论,如果一只股票的价格比大盘下跌的幅度还要高,类似于1973年我们买进《华盛顿邮报》股份时遭遇的情况,那么投资的风险就要远比原来高股价时更高。换个说法,假设某天有人愿意以极低的价格把整家公司卖给你时,你是否也觉得这样的风险太高而直接拒绝呢?一个有趣的事实是,那些真正擅长投资的人偏好于股票波动,甚至是求之不得。格雷厄姆在《聪明的投资人》一书的第八章中对这种心理进行了解释,他谈到了'市场先生'理论。'市场先生'每天都会出现,只要你愿意就可以从'自由先生'那里自由买卖股票,当'市场先生'越是感到沮丧时,投资人拥有的机会反而越多,原因在于,市场波动的幅度越大时,超低的价格就越是有机会出现在好公司身上。无法想象这种低价优惠的模式会被投资人当成一种有害的东西来对待,对于投资人来说,完全可以无视'市场先生'的存在,或者好好利用这一类愚蠢的行为。"

如果对伯克希尔的投资进行分析,就会发现芒格和巴菲特最喜欢在股价波动时搜寻好的标的公司。像可口可乐公司的股价也出现过多次的波动,1919年,可口可乐公司上市的时候,股价只有40美元。而在一年后,由于无人看好它,股价很快就降了50%,变成了19美元。随着第一次世界大战的出现,原料不断上涨,而公司又遭遇了瓶装问题,股价持续下跌。之后的几年时间,可口可乐虽然开始反弹上涨,但20世纪20年代末30年代初的大萧条,以及之后第二次世界大战、核武器竞赛,数次将可口可乐推向不利局面,股价一再波动。可即便如此,可口可乐整体上一直都在快速增长,并且不断创造奇迹。

1989年，股市持续低迷，可口可乐公司的股价一下子就跌去了3/4，大部分投资者开始"逃离"这家公司，而芒格和巴菲特却"乘虚而入"，投入大约13亿美金，并在短短10年时间内就翻了10倍。

　　同样的情况也发生在很多重要项目的投资上，像喜诗糖果、吉列、富国银行、好市多都有过股价波动的情况，但这并不妨碍它们是优秀的公司，也不妨碍芒格和巴菲特在下行期购入股票。正因为波动会带来更好的投资机会，芒格和巴菲特都对此非常感兴趣，相比于多数人的买涨不买跌，两个人更喜欢在价格下跌时寻求机会。他们甚至直言，自己宁可接受上下变动但平均可达15%的结果，也不要平稳的12%。

　　正像他在股东大会上所说的那样：

　　有些很不错的生意具有明显的波动性，像喜诗糖果就是如此，在一年中往往有两个季度是亏钱的。反倒是一些看上去很糟糕的公司，业绩和股价在某段时间内表现得很稳定。

　　总的来说，芒格建议投资者一定要保持理性，不要以价格波动作为价值评估的标准，更不要觉得股价波动就是风险；相反，要懂得在波动中搜寻优质标的并把握投资的机会。比如，要重点关注那些股价波动的公司是否具备竞争力，在行业内处于什么地位，是否持续性地出现波动，公司的营收和现金流怎么样，公司的净资产收益率和市盈率等基本面信息是否出色；不仅如此，投资者还要重点了解引发股价波动的主要原因是什么，只有全方位了解企业信息，才能真正做出合理的估值。

第二章

坚持长线投资的策略，利用时间来挣钱

借助复利，让财富在斜坡上滚雪球

"累积财富就像在斜坡上滚雪球，最好选择从长斜坡最顶端的地方开始往下滚动，尽可能早地开始，并且想办法让雪球滚得更久一些。"

——查理·芒格

众所周知，企业往往存在分红的情况，也存在分红的必要，这是激励股东和员工的一种方式。一般情况下，企业每一年都会将自己的收益拿出来分红，用来奖励为公司发展做出贡献的员工。而对于员工来说，他们其实也希望在获得基本薪酬之后，可以获得不菲的分红，分红是他们增加收入的一种重要方式。不过查理·芒格一直都在反对将所有的利润分给股东，并且强调这是对股东利益的侵犯，也是一种不负责任的经营管理方式与投资理念。他认为那些真正优秀的工业企业管理层是不会将利润全部派发给股东的，这是一个基本原则。而给出的原因很简单，如果企业将一年的利润全部分给股东，那么下一年的投资仍旧和今年一样，企业根本无法投入更多的资金来扩展投资规模，也无法创造更大的利润，企业的成长就会陷入停滞状态。

芒格的想法其实就是一种使用复利的投资模式，即通过利滚利的方式积累财富，与单利相比，复利的威力要强得多。在写给股东的信件中，芒格曾经多次强调了复利的作用，他希望股东们可以长期持有股票：

> 如果你买的股票每年复利回报15%，持续30年，而你最后一次性卖掉的时候交35%的税，那你的年回报还有13.3%。反之，对于同一只股票，如果你每年都卖一次交一次税，那你的年回报就只有9.75%。这个3.5%的差距放大到30年是让人大开眼界的。

例如，银行存款，有的人每年都存入一笔钱，然后一年之后取出利息，接着将原有本金继续存入银行，这是一种单利的行为，每年可以获得固定的一笔收入。而有的人会将每一年的利息计入下一年的本金，这样就会产生利滚利的效果，最终实现本金、利息和收益都不断增加。在投资中，追逐利益最大化是投资者和企业的目标，也是一个基本出发点，因此，使用复利模式非常有必要。

假设某个项目需要投入100万元，该项目的年回报率是10%，考虑到10年以后这个项目到期，那么在投资的时候，通常存在两种模式。

第一种模式是每年都取出投资的净收益，也就是说每年都获得10万元的收益，然后每年的本金都是固定的100万元，10年之后，总的净收益为100万元。

第二种模式是将每一年的净收益所得计入第二年的本金投入当中，简单来说，第一年的本金为100万元，净收益为10万元，那么第二年的本金则是110万元，净收益为11万元，第三年的本金则是110×（1+10%）=121（万元）。以此类推，10年之后，整体的收益达到了：100×（1+10%）^{10}≈259.374（万元）。扣除100万元的本金之后，净收益为159.374万元。

很明显，使用第二种方式，投资者可以在10年时间里多挣59.374万元，这就是复利的作用。毫无疑问，复利成了富豪们实现财富倍增的一个重要工具，不过想要真正发挥复利的作用，那么就需要把握几个关键要素，比如，要有足够可观的回报率或者利率，利率越大，依靠复利积累的资本也就越多。从这个角度来说，人们需要重点寻找那些回报率更高的优质企业和优质项目，简单来说，就是投资那些价值更高的企业。就像投资可口可乐与投资一家普通公司一样，可口可乐的年收益率可能达到20%左右，而那些普通公司的年收益率可能不到10%。同样以100万元的本金为例，如果时间为10年，但是将收益率提升到20%，那么10年之后的净收益就变成了519.1736万元。

除了利率之外的因素就是时间，想要最大程度实现利滚利的收益，那么延长投资的时间是一个重要方法，即所谓的长线投资。在保持一个稳定回报率或者利率的同时，投资时间越长，那么复利的作用通常也就越明显。世界上有很多顶级的长线投资者，都在坚定拉长投资的时间线，他们会选择一些具有长久发展潜力的优质企业进行投资，像巴菲特持有的一些优质企业股票已经五六十年了，其中的很多优质股，他从来没想过要卖出去，也正是因为如此，他才可以在几十年时间里积累几百亿美元的身家。

复利是长线投资策略中的一个重要工具，它是实现财富倍增的关键，同样是100万元的投资，年回报率为10%，如果将投资时间拉长到20年，那么20年后的净收益大约会变成572.75万元。用芒格的话来说，投资者需要建设一个长坡，坡度要适中，坡要尽可能长，雪要有足够的湿度，这样才能让雪球越滚越大。

复利的确是增加财富的得力武器，但是对于复利的使用并不适合所有人，最明显的一个问题就是多数公司可能都不具备10年的发展期，如果长线投资者花费巨大的资金投资这样一家公司，可能会亏得血本无归。所以想要真正像顶级投资者那样依靠复利挣钱，一个基本前提是能够寻找并有勇气投资一家优质的公司，这家公司具备长久发展的资质和价值，而这样的好公司往往非常少见，有时候10年时间也等不到一个，这也是芒格一生中投资不多的重要原因。

另外一点也很重要，资源的有限性和事物发展的规律都不会允许其无限制地增长下去，可以说复利是有尽头的，芒格在信中一再警告股东：

> 如果让人类自由选择增长速度的话，那么所有人都会选择按照几何级数的增长态势，不幸的是，地球上的资源并不是取之不尽用之不竭的。在资源有限的环境中，人类过度追求几何级数的增长模式，最终只会得到更惨痛的教训。

在芒格看来，很多所谓的维持高增长的复利往往是一个骗局，一旦投资者入坑，后果将不堪设想。

找到了一家伟大的公司，只需要长期持有就行

"寻找少数几家伟大的公司，然后一直持有，保持不动，因为你能正确地预测这些公司未来的发展前景，而这样的投资方式正是我们非常擅长的。"

2000年致股东的信

在谈到投资的时候，芒格一直强调寻找那些优质股，最好是寻找那些伟大的公司，这些公司基本上具有长期发展的潜力和长期增值的空间，像可口可乐公司、喜诗糖果、苹果公司都称得上伟大，在过去很长一段时间内，它们都展示出了强劲且稳健的发展态势，为投资者带来了丰厚的回报。在面对这些公司时，芒格的立场非常坚定，那就是把握住机会，继续持有股票，剩下的就交给时间，让它来产生更大的投资回报。

事实上，芒格已经通过伯克希尔投资了这些伟大的公司，达到了长期持有股票的目的。和巴菲特一样，芒格的大部分资产也都在伯克希尔

公司，而且芒格从来没有打算出售手里的伯克希尔公司的股票。在他看来，伯克希尔公司本身就是一家伟大的公司，作为世界上规模最大也最成功的公司之一，它具有所有伟大公司所具备的特质，它的股票也是难得的优质股，只要继续持有这些股票，自己的财富就会继续增长。

比如，在2007年12月，伯克希尔公司每股股票价格达到了9.98万美元，这已经是一个天价的水平了，可是10年之后的2017年，股价继续翻倍，直接突破了每股30万美元的大关。很多人都觉得伯克希尔公司的股价太高，有点不切合实际了，这样的高价位明显高于实际的价值，未来不久将会快速下跌，甚至引发伯克希尔公司股票的抛售潮。但那些分析家的想法显然是错的，之后的伯克希尔股价不仅没有下跌和崩溃，反而一直不断上涨，到了2021年5月，其股价已经飙升到每股437131美元，而且这个数字还在增加。

作为一个长期投资理念的拥趸，芒格一直都在寻找那些具有长期发展空间的优质企业，而伯克希尔就是他生涯中的代表作，可以说将长期投资策略发挥到了极致，即便到了97岁的高龄，他也明确表态自己不会抛售伯克希尔公司的股票。多年来，他也一直都在坚守和推广这种长期投资的理念，借助时间来放大企业的效益。在他看来，一家伟大的公司，它的企业文化、产品与服务、发展的战略规划、技术与资源，都是领先行业内其他竞争者的，它们的价值在一个较长周期内往往会不断增长，而且这种增长基本上是稳定的。因此，投资者在找到这样的公司后，最重要的就是保持长期持有股票的状态，在长时间的发展中享受复利带来的高额回报。

不过，想要长期持有股票，哪怕是一家伟大的公司，多数投资者可能也做不到，因为长期持有股票的最大困难在于，人们常常缺乏耐心和信心，尤其是当行情不好的时候，投资者可能会在股票出现波动或者陷入停滞时快速抛售，而且就连巴菲特这样的投资高手也难免会犯下这样的错误。比如，在2020年第四季度，苹果股价出现了波动，这个时候他草率地认为苹果股价太高了，不太可能会上涨，原本就不喜欢也不擅长投资互联网企业和科技公司的巴菲特，选择出售手里的部分苹果股票，当时伯克希尔公司直接减持了5716万股苹果公司股票。这一举动很快就让巴菲特后悔不已，因为仅仅过了一两个月，苹果公司就展示出强劲的发展势头，股价一路上升。在2021年的股东大会上，当巴菲特对自己失误性的运作进行自我批评的时候，芒格也认为抛售苹果公司的股票是一个错误的决定。

事实上，对于任何一家伟大的公司而言，草率地选择抛售股票都是不明智的，建立在价值投资基础上的项目投资必须确保拥有足够的运作时间，而且必须基于自己足够的信心。芒格曾经投资过一家非常优秀的公司，这家公司在1973年和1974年遭受重创，出现了高达31%的亏损，这样的亏损已经非常严重，要知道这家公司此前11年累积起来的利润，在亏损中直接被消耗掉了一半。面对这样的惨状，很多股东只能自认倒霉，将手里的股价抛掉，以免遭遇更大的损失，可是芒格并没有这么做，从一开始他就意识到这家公司的发展前景会很好，因此，自己可以承受这样的价格波动。果然，到了1975年，公司的股价快速反弹，盈利超过了75%，这样的上涨使得公司过去14年的年均复利上涨达到了惊人的19.8%，芒格依靠自己的坚持，最终收获了高额的回报。

在价格波动中，很少有投资人会像芒格那样冷静，也很少有人会继续坚守下去。除此之外，长期投资的另一个问题就是一种折中心理，比如，有很多投资者能够意识到复利的强大作用，也希望更长时间地持有股票，可是他们同样会羡慕那些短期操作者，希望依靠技巧获得更大的收益，所以往往会忍不住干涉自己的长期投资策略，最终变成伪长期投资者，可能只能在某只优质股上坚持3年或者5年的时间。

针对长线投资，芒格曾经说过这样一段话：

如果你买了一只价值被低估的股票，就要坐等价格上涨到你估算出来的内在价值时才出手卖掉，整个估算过程很复杂。不过假设你买了一个伟大的公司，只要坐那儿等着企业增值就行了。

其实，长期投资策略所面临的各种干扰，更多的还是源于投资者个人内心的不安，他们不敢断定股价会在未来的某一天爬到一个很高的价格上，或者担心自己错过一些短期操作创造的盈利机会，在这个时候，就容易对自己的长期投资模式产生动摇。因此，芒格觉得股东在选择了一个优质的，甚至伟大的公司时，就要保持一颗平常心，不要总是去查看股价的上涨情况，虽然没有必要像巴菲特那样将电脑移出办公室，但选择性忽略的确是一个很好的办法，可以避免投资者受到影响。这些建议不仅仅是针对股东的，他希望所有投资者都可以在一个伟大公司的投资上坚守自己长期投资策略的立场。

还有一点很重要，长期持有股票往往拥有一些好处，那就是省去了一大笔交易的手续费和利得税，也节省了大量的时间和精力。对于短期投资者来说，频繁的买卖则往往会产生额外的成本，反而降低了总的回报和收益。

正因为如此,在2019年的《每日期刊》公司的年会上,当与会者提出芒格会选择何时退出时,芒格非常肯定地说:

> 我擅长进行挑选,别人通常比我更懂得如何退出,而我追求的是一些永远不必退出的股票。你这个问题显然不适合我。成功的投资风格往往多种多样,有的人非常喜欢频繁退出的游戏,但退出确实不是我的强项。只要持有那些股票,我就不会退出,我甚至从来不去关注出口究竟在哪里,我一般都选择长期持有。

总而言之,只要一家公司符合伟大公司的标准,那么就没有必要采取短期投资的策略。比如,一家公司的品牌价值连续10年甚至20年都位于前列,企业的营收和市场规模长期领先于市场,整个公司曾经引领技术、文化和经营模式的潮流,并且对市场的影响一直都在持续,甚至影响了消费者的消费习惯。这些公司拥有强大的市场主导权,它们在未来几十年或许都会持续这种影响力,因此,值得长期持有。

保持耐心，等待最佳的机会出现

"我一直都在翻阅《巴伦周刊》杂志，坚持了50年。在整整50年的时间里，我在《巴伦周刊》中只找到了一个好的投资机会，然后我果断把握住这个机会，在几乎没有什么风险的前提下，一下子赚了8000万美元。后来我又把这笔钱交给了中国的合伙人李录进行管理，8000万美元很快就变成了四五亿美元。可以这么说，我花费50年时间读《巴伦周刊》，从中找到了一个赚取四五亿美元的投资机会。我说的这件事情，对你们有用吗？也许没什么大用处，对此我也无能为力，这就是现实。很多人都无法像我这样去做，事实上，我能找到的机会非常少，可以说花了很多时间和精力，但当我找到机会之后，我就不会轻言放弃。"

2017年致股东的信

有人曾提出一个问题：在个人智力差不多的情况下，为什么大部分人都无法富起来呢？也许能力、运气、资源、环境都是其中非常重要的原因，但有一个原因常常被人忽视，那就是没有人愿意慢慢变富，大家都想着一夜暴富，想着如何在最短时间内获得惊人的财富。对财富的迫切需求使得多数人都缺乏慢慢经营事业的耐心，相比于找一个合适的工作或者一个合适的投资项目，他们似乎更愿意参加一些冒险活动，并且期待着自己可以发生好运。

比如，查理·芒格的老搭档巴菲特，其大部分财富都是在60岁以后才获得的，他对于财富的积累经历了几十年之久，而多数人可能等不了那么久，也不愿意等那么久，在这种情况下，他们可能更加愿意进行投机游戏。比如，华尔街有很多所谓的投资者，都是一些机会主义者，他们更加习惯于短期操作，习惯于在一些高风险的投资项目上进行投机，在那些"一夜暴富""几个月就营收几十亿美元"的故事熏陶下，越来越多的人痴迷华尔街式的资本积累方式与投资方式，他们不再愿意静下心来慢慢寻找合适的机会。

由于缺乏耐心，他们并没有花费时间去了解自己的投资是否值得，并没有想过是否真的能挣到钱，也不知道潜在的风险有多大，正是因为如此，投资者经常在一些糟糕的项目和企业上做出错误选择。比如，选择一些短期收益很大，风险同样很大的投机项目，打算短时间内就实现暴富的梦想，但很有可能事与愿违，导致自己陷入困境。又比如，他们可能会选择一个自己也不了解的项目，希望能够碰到好运气，但这样的运气往往只会带来更大的亏损。

芒格在信中谈到了一个基本的观点：真正的财富积累是需要时间的，这种时间不仅仅在于更长时间地持有股票，还在于更长时间地等待和挖掘。在他看来，好机会并不多，而且最近几年一直都在减少，因此，人们更加需要保持足够的耐心，等待着最佳投资机会的到来，这是长线投资的一个基本原则。事实上，在芒格的一生中，投资的企业少之又少，全部算下来也就只有几个项目，这样的投资数量在所有顶级投资大师中都非常罕见，即便是以集中投资见长的巴菲特，在投资的数量上也要超过芒格，有时候很多人甚至认为芒格根本就不是一个投资者，或许只是偶尔来了兴致，才想起来投一笔钱。

其实芒格的产量之所以很少，就是因为他在投资方面对自己的要求非常严格，不是最好的投资标的不去投资，不是最佳的出手时机也不会去投资。对企业进行筛选，按照芒格的要求，基本上就是千里挑一、万里挑一的事情，这种筛选可能会以一些基本的数据为前提，包括企业的营收规模，过去几年的发展情况，现金流是否充足，在行业内的地位等。

在选定一些投资标的之后，芒格会对各种潜在的目标进行充分调查和分析，这是一项非常烦琐的工程（尽管芒格一直试图简化这些过程和步骤）。在各种严格的分析模式下，他会非常认真地审核、评估每一家目标企业的具体发展情况，确保自己不会落入陷阱，或者在一些价值不高的企业上浪费机会。

伟大的公司的确有，但是非常少，它不仅要满足一些规模和竞争优势上的硬性条件，还必须保证拥有一个漫长的发展周期，它的价值增长必须经得起时间的考验，一家公司可能会在5年或者10年内挣到很多钱，股价也会被快速推高，但是它可能缺乏长远发展的实力，也许10年或者15年以后就开始走下坡路。芒格认为，这样的企业是没有多少价值的，也明显不符合价值投资的理念，真正有价值的企业一定拥有良好的未来，而这样的企业实在太少了。

按照芒格的说法，人们不仅要耐心等待好的标的出现，还要选择合适的时机和价位入手。比如，2008年金融危机席卷全球，市场一片萧条，很多企业都面临困境，巴菲特此时却跃跃欲试。2008年10月，雷曼申请破产刚刚过去一个月，巴菲特和芒格却宣布买入股票。当时芒格看中了富国银行，但是他劝说巴菲特不要立即出手，最好先观察一段时间，等待着股价继续下跌。到了2009年3月9日，富国银行的股价最低下降到7.8美元，要知道2008年9月19日时，富国银行每股的股价仍旧高达44.75美元，短短半年时间就跌去82%，芒格预料到富国银行抄底的时机到了，于是和巴菲特果断出手，顺利进行抄底。

多年来，芒格在信中反复强调的内容，就是希望股东以及其他投资者可以保持耐心，不要急于投资，当真正的机会开始出现时，再出手也不算迟。芒格非常钦佩著名棒球运动员泰德·威廉斯，作为美国棒球历史上的超级球星，泰德的成功往往被归结于天赋和能力，但是他在《击打的科学》这本自传性质的书中，更多地谈到了击球的技巧而非天赋。一般来说，他会先把击球区分成77个单元，每1个单元代表了1个棒球；然后观察球的位置，球位于位置不好的击球区时，他绝对不会挥杆，只有当球刚好处在最佳的击球区时，他才会果断挥杆击打。

通常情况，芒格建议每一个投资者都要打造一个完善的筛选和分析系统，对企业的基本面进行分析和评估，搜寻最佳的目标企业，估算最佳的投资时机，只要不符合相关的条件，那么就不要轻易进行投资，这样才可以真正做到合理的投资。

长线投资意味着要做好充分的准备

"如果不是因为提前做好了充分准备,当投资机会出现的时候,你根本没勇气去把握这样的机会。我在《每日期刊》公司买入投资组合中的股票时,大概只花了一天时间。为什么时间会这么短,就是因为我对美国银行了如指掌,我一直都在这样的文化中生活。我也很早就了解美国的银行家,能够分辨美国银行是好是坏,并且找出问题所在。总的来说,我以前做了很多工作,并借此了解了更多内容,因此,我非常了解富国银行,非常了解美国银行。"

2017年致股东的信

在往年的致股东的信中,芒格都会谈论伯克希尔公司、威斯科公司或者《每日期刊》公司的发展情况。在这些信中,他经常谈到的一个话题就是投资前的准备工作,比如,很多人喜欢将巴菲特、罗杰斯、芒格这样的投资大师当成股市里的常胜将军,股东们也认为芒格似乎总能够把握住投资机会。但事实上呢，芒格认为这个世界上并没有所谓的常胜将军，因为投资中往往存在很多不确定因素，这些因素可能会导致结果的不可预测，如环境的变化、政策的导向以及一些意外变故的出现，都可能会对预期的结果产生影响。他认为市场本身是不可预测的，这种不可预测性就决定了没有投资者会百战百胜。

不过，不可预测并不代表一切靠运气，为了减少投资当中出现错误的判断，为了降低投资的风险，投资者真正需要做的是，提前做好一些基本的准备工作，而不是盲目采取投机的操作方式。严格来说，充分而必要的准备是做好长线投资的基础。

比如，在最近几年的股东会（无论是伯克希尔股东大会，还是《每日期刊》公司年会）上，芒格都在信中谈到了中国经济的发展问题。芒格认为，中国在发展中创造了奇迹，而且出现了一大批优秀的企业，它们展示出了强劲的发展动力，但是与之相对应的是，中国的很多股民还没有建立起真正的投资意识，他们基本上都是用投机的心态来看待投资的，或者说不少中国股民所谓的投资都是投机，他们不太愿意花费时间对自己要投资的企业进行分析和评估，至少不会进行详细的分析。芒格认为，这是非常愚蠢的，尤其是在一种经济高速发展的环境中，人们完全有机会找到出色的投资标的，但是毫无准备的投资模式摧毁了很多好的机会。

芒格说过，买股票就是买公司，按照芒格的说法，人们不应该草率地进行投资，而要懂得观察和分析，做好充分的准备工作，确保自己足够了解投资标的，提升投资的成功率。在信中，他积极展示了自己的投资理念和投资方式，其中有一个流程非常重要，那就是芒格愿意在学习和思考上花费大量时间，这些时间比他采取投资行动所需的时间要多得多，在他看来，投资前的准备工作必不可少，而且比投资行动要重要。

世界桥牌大师理查德·萨克豪瑟曾经说过，一个出色的桥牌手并不在意自己是否可以赢得赌局，重要的是确保自己手上的牌可以打出最好的效果。芒格也是这样的人，也许投资的输赢结果不是自己能够完全掌控的，一些不确定因素会毁掉自己的努力，重要的是自己是否可以把手上的工作做到极致，是否可以充分利用好个人的能力以及相关的资源。在投资中，一些不可控因素造成的糟糕结果是可以接受的，但准备不足和仓促决策则是不可原谅的，因为这些因素原本就是人们可以控制的。

芒格建议投资者一定要了解背后的公司，尽可能从多个维度去了解这个公司的运营情况，确保自己可以比大多数投资者，甚至比大多数专业人士更好地了解公司，了解公司长期、短期的规划，了解公司的产品与核心竞争力。只有了解更多信息，人们才能看到公司长远的发展状态，才能立足长远进行投资。

比如，芒格会谨慎挑选那些可以投资的企业，然后花费大量时间对相关企业的财务报表进行分析与整理，确保财务报表上的数字是真实可靠的。不仅如此，他还会从产品、市场、商标、雇员、分销渠道、社会潮流等多个方面入手，尽可能全面地了解目标企业，对企业的竞争优势和价值进行评估。

在整个分析的过程中，他会利用自己的知识和经验，不辞辛劳地逐步排除其中一些投资变量，确保整个候选投资项目可以得到简化处理。还有一点很重要，他非常看重一种投资的感觉，如果某个投资项目的数学分析合格，但是无法让他感到安心，或者无法带来投资的感觉，他同样会选择放弃。

在评估价值之后，芒格并不急于立即动手购入股票，他会等待一个最佳的出手时机，因此，他还要花上很长一段时间等待和分析，他称之为"扣动扳机之前的检查"。这些检查项目非常精细，项目也很多，其中，包括目前的价格和成交量、交易的行情、经营年报的披露时间，还要分析是否存在相关敏感因素的干扰，要明确是否要制定随时退出投资的策略。此外，必须计算好投资该项目的钱的机会成本（这些钱可以用来投资其他的项目吗），弄清楚自己手头上的流动资金是否充足，如果不足，是否有必要进行接待，或者出售其他资产来筹集资金。

整个筛选和分析行动是一个很长的过程，而且往往需要重复进行分析，考虑到每隔一段时间都要对相应的目标进行筛选和分析，无疑创造了更多学习和锻炼的机会。事实上，只有具备超强的耐心、学习欲望和自我改进意识的人才能做好这些工作，而这些充分的准备工作，可以最大限度地保证投资的安全性与合理性。这些都是芒格在信中希望传达的东西，当然，即便他提供了类似的方法和技巧，但多数投资者还是缺乏做好投资准备工作的意识。有人曾经这样问芒格，为什么这些方法看上去合理且有效，但是很少有人愿意去做呢？对此，芒格在另外一封致股东的信中举了这样一个例子：

> 我们的老朋友Ed Davis是一位优秀的外科医生，他妻子发明了一些手术工具，还研究出了一种新的手术方法，使得手术的死亡率降到2%，而别的医生在做这个手术时，患者的死亡率高达20%。正因为如此，很多外科医生慕名而来，可是在观摩手术过程之后，医生们往往

会抱怨"这手术实在太复杂了，太慢了"。很明显，商学院也从来不可能教导学生像伯克希尔那样去做生意。

芒格认为，很多股东以及投资者只想着简化投资行为（虽然芒格也认为有必要简化投资行为），但是简化并不意味着就不必去做准备工作。对于投资者来说，做好准备工作不仅仅是一个简单的筛选过程，更是一种思维的历练。当投资者更多地进行思考和分析时，他们的思维层次会越来越高，思维的宽度会越来越广，对于投资的掌控力也会越来越强，而这些是书本和学校根本无法教会的。因此，投资者需要掌握一些基本的投资流程和准备工作，并且想办法一直坚持下去。

以发展的眼光看待问题

"其实有很多'护城河',看上去是不可跨越的,但在某些情况下,即便是拥有很深'护城河'的企业也会垮掉。这就是资本主义发展的实质——在发展中不断更新和创新,这就和我所谈论的生物进化史是一样的,旧的物种总会死去,然后被新的物种替代,一代代更换,事情就是如此,那些看上去很深很久的'护城河',在新的时代中可能已经完全不适用了。"

2021年致股东的信

在芒格的长线投资理论中,时间是一个非常重要的概念,长期持有就可以有效借助更长的时间产生的复利获得更高的回报。其实除了长期持有,对时间的重视还体现在对时代变化发展规律的把握,即在一个更长时间段内,对行业或企业发展的历史进行分析,推测企业未来的发展情况,从而为企业的价值评估提供必要的参考。

从进化的角度来分析，芒格认为，现如今很多传统企业已经丧失了竞争力，它们在资源和技术上的优势都在减弱。以人才为例，在过去，一些大的传统企业具有很强的吸引力和竞争力，可是在新时代的环境中，它们的没落是显而易见的，员工数量不断减少，公司的效率不断降低。而反观一些大型科技公司，它们拥有全新的系统和技术，很多业务都在云端展开，法律业务、广告业务以及会计业务都可以在云端高效展开，更好的技术、更高的效率严重冲击了传统企业的竞争优势。

比如，当芒格主张投资比亚迪公司的时候，很多人都表示反对，巴菲特一开始也不喜欢这笔投资，在不少投资人看来，新能源汽车不可能在竞争中掌握主动权，传统车企仍旧会是市场上的赢家。可是芒格认为，新能源已经是大势所趋，考虑到全球能源枯竭和环境污染的问题，新能源将会成为未来发展的首选，而不少国家也开始将新能源开发作为经济发展的重心来看待。比亚迪的技术研发能力以及产业布局，完全超出了很多传统车企，这是非常了不起的成就，从未来来看，比亚迪将会成为新能源汽车行业中不可忽视的一股力量。

在投资中，意识到时代变化和发展是一项非常重要的能力，毕竟很多行业会在时代变化中慢慢衰落，企业更是如此，了解这种变化有助于投资者更好地把握行业、企业发展的规律，找出内在的逻辑线，从而更好地进行价值估算和投资。

哈佛商学院有一个非常好的商业课程，在课堂上，老师会回顾运河、铁路的发展，然后谈论经济变化对这些行业的影响。芒格非常喜欢这类课程，在他看来，商业和生物拥有很多共同的点。在我们的生活中，往往会经历大量企业的破产、倒闭，很多原来非常繁荣、有很强竞争力的企业，现在都一点点垮掉了。通用汽车、柯达、诺基亚手机，它们都在时代潮流中没落，有不少伟大的企业已经倒闭了，在那个时代，人们很难想象它们在某一天也会倒闭和破产，但在时代发展的竞争中，再伟大的企业，竞争力再强的企业，其"护城河"也会消失。因此，人们有必要以发展的眼光看待企业的发展，要从历史发展的角度分析问题，这也是投资者尤其是长线投资者需要掌握的一项技能。

旧的东西总是会被新东西取代，这就是芒格一直希望投资者引起关注的一个事实，他希望投资者在投资的过程中不要以僵化的、落后的思维看待产业的进步，不要盲目将过去三四十年的陈旧想法当成投资标准，不要盲目将几十年前的优秀企业当成新的投资标的。比如，很多传统能源公司在当前的时代环境下，就表现出了发展的颓势，产业结构单一、技术落后、管理理念滞后，这些都严重阻碍了它们的发展，而新能源公司依托好的政策、更优化的产业结构、更先进的技术，以及更完善的产业布局，往往具有更强的竞争优势，而且有一些企业很难用传统的方式进行估值。

以发展的眼光来看问题，在于对企业未来发展趋势的把握，比如，很多企业当前的发展并不好，但这并不代表它就没有价值，一个真正优秀的投资者会发现企业在未来发展当中的优势和价值，简单来说，就是寻找潜力股。具体的依据是，了解行业发展的方向和内在的规律，看看技术发展的趋势，了解国家政策的指向，了解企业发展的轨迹，这些都有助于投资者对未来的发展做出更合理的预判。

了解未来发生什么比何时发生更加重要

"预测从来都不是我擅长的东西,而且我也从不依靠所谓的准确预测来赚钱。我们的做法往往很简单,那就是买入那些有价值的好公司,然后一直持有。"

——查理·芒格

在投资领域,很多人都会迫不及待地想要了解明天会发生什么,或者确切地想要知道什么时候会发生什么事,这就导致很多人以投机的心态进行投资。相比于所投项目会带来什么,他们往往更加关心短时间内会发生什么,而且具体是什么时候发生。这种心态往往分为两种情况。

第一种情况是非常关注企业的价值增长和股价的快速增长,迫切想要知道这个增长的时间点具体是什么时候。

比如,很多人在投资时缺乏耐心,他们在面对一些好的项目时,常常会期待着立即挣到钱,慢慢变富的风险太大,而且他们也耗不起。所以能够短时间内实现高回报的项目才是他们最喜欢的,他们总是一遍又一遍地问自己:"这笔投资什么时候能挣到钱,如果不是明天或者下个月,那么为什么要冒险去投资?"当他们意识到自己无法准确预测到短时间内就可以获得高额回报时,就会丧失投资的兴趣。有很多投资者就是因为缺乏耐心,而错失了很多潜力股和优质股。

芒格认为,一个人若是想要获得更大的回报,就要采取长线投资的策略,不要过度执着明天是不是能够挣钱,不要把目光局限在那些具体的预测上,投资者要学会将目光放得更加长远,毕竟只要真的是高价值的公司,那么终有一天会体现出这些价值,即便明天不行,可能会在1年、5年,或者10年以后体现出来。投资比亚迪的时候,股价连续几年都没有上涨,而且还不时出现下跌的趋势,但即便如此芒格依然对王传福和比亚迪抱有很大的信心。

第二种情况是非常担心企业未来会遭遇灾难以及破产的风险。即便他们知道任何企业都难以避免一些大的风险,他们仍旧担心这一天会是明天或者后天。

比如,很多投资公司都不想触碰保险业务,尽管他们知道保险业务非常挣钱,但是对于潜在的风险很担忧,担心某一天就会出现意外灾害,导致公司需要支付大量赔款。而芒格认为任何企业都可能存在风险投资,都可能会在某一天遭遇重大风险,但投资者没有必要以此作为投资的判断;相反,以长远的目光来看待企业的发展非常重要。

比如,在1996年致股东的信中,巴菲特就谈到了长期投资的问题:"我觉得有必要把丑话说在前头,我不希望某一天股东们突然会因为担心伯克希尔公司将遭遇一次大型意外灾害而必须理赔一大笔钱时,直接恐慌地抛售手中的持股。如果那个时候真的有人产生这样的反应，那么我的忠告就是他从一开始就不应该持有本公司的股份，这就像那些遇到股市崩盘就恐惧地抛售手中股票的人，他们最好还是不要投资股票，因为某些坏消息就把手中的优质股票卖掉，这绝对不是明智的做法［几十年前，可口可乐创始人罗伯特·伍德拉夫（Robert Woodruff）就被问过一个问题：'什么情况下是卖掉可口可乐股票的好时机？'伍德拉夫非常干脆地做出回答：'我不知道，我从来就没有卖过'］。"

芒格曾经说过，任何企业都可能会遭遇大的灾难，而且也必定会走向衰落，没有企业可以真正做到基业长青，这是一个必然的规律，但那些有价值的企业仍旧值得投资，投资者根本没有必要理会明天或者明年这家公司会不会倒闭和破产。比如，他预料到在未来很长一段时间，吉列公司、士力架或者可口可乐都会盈利，就像它们在过去几十年时间里都取得市场领先一样，对投资者来说，只需要了解这一点就够了，至于哪一天会遭遇重大的风险，没有必要去操心，更不能因此就放弃投资。

事实上，那些试图弄清楚何时会发生什么的人，往往喜欢预测市场，倾向于短期内的投机操作。但从投资的角度来说，预测市场本身就没有任何意义，因为市场是不可预测的，不仅操作流程烦琐复杂，而且准确度根本没什么保障。首先这是由市场发展的特性决定的，毕竟市场本身就起伏不定，无论是股价上涨还是股价下跌都是有可能发生的，人们没有办法准确猜到什么时候会涨，什么时候会跌，只能了解一个大概的趋势。

其次，市场是由无数的参与者和竞争者共同组成的，投资者通常只能了解自己以及其他少数人的想法，对其余千千万万的参与者并不了解，不清楚他们究竟会怎样去想，每个人可以收集到部分信息作为参考，但是对整个市场的变动根本没什么帮助，想要了解什么时候会发生什么事情并不现实。市场上存在几百万人以及几亿个决策，这些决策都是基于相似的信息做出的，但基本上代表了个体对市场片面的看法，市场就是个体行为相互作用形成的。这是一个非常复杂的系统，人们无法通过对个案进行分析从而间接对市场做出预测，无法了解其他几百万人、几千万人在想些什么，这样的预测本身也是不合理的。

最后，市场本身就是一个制造意外的地方。各种意外事件的突然出现会对每一个参与者造成影响，而且它们通常都没有什么规律可循，就像谁也无法在2018年预测到美股在2020年年初会出现熔断，无法预测新型冠状病毒肺炎疫情会在全球范围内暴发。

总的来说，芒格更希望投资者以长远的目光来看待自己的投资标的，不要总是将目光专注在什么时候能挣钱，什么时候会遭遇风险上，对于长期投资者而言，要杜绝投机思维。投资者需要调查市场，搜集企业发展的信息，尽可能把握住行业发展的基本趋势和基本的规律，弄清楚行业内出现的新规以及新的发展模式；看看企业在未来10年或者20年的发展动向，估算可能取得的成就以及价值；找到推动企业发展的主要因子和潜在的变化因子，提前进行布局，然后做出一个大致的分析和判断就可以了，即做到模糊的精确。

―

第三章

使用集中投资策略,提升投资回报率

―

投资少数投资回报率高且概率较高的优质企业

"我们从来不像吉姆·克莱姆（Jim Cramer）那样，自认为无所不知，我们能够清楚地意识到一点，只要自己努力去做，就可以准确把握少数的那几个机会。只要把握这少数几个机会就够了，这符合我们投资的预期。我们的思维方式与投资咨询机构明显是不一样的。如果你和我之前提到的那家投资咨询机构那样，直接去问沃伦·巴菲特同样的问题：'能不能告诉我，你今年最看好哪一个投资项目？'接着，你只要按照沃伦的指示进行投资，肯定能赚到很多钱。沃伦不会妄想着自己无所不知，他会告诉你那一两只最好的股票。相比于投资咨询机构的雄心勃勃，沃伦更懂得如何克制自己。"

2019年致股东的信

芒格向来不喜欢搞多元化投资，更不喜欢一次性投资好几家公司，作为世界级的投资大师，芒格的投资比巴菲特还要少，他的投资清单上基本上只有几家公司，包括伯克希尔公司、好市多以及与中国投资人李录合伙的基金公司等。虽然投资的项目很少，但是这些公司的回报率和成功的概率都非常高，帮助芒格积累了很多财富。

不同于那些崇尚盲目分散的投资者，芒格认为很多分散的投资并不会产生 1+1 = 2，甚至 1+1 > 2 的效果，在很多时候，可能会表现出 1+1 < 2 的状态。在投资中，项目投资的回报率和成功率是两个最重要的考量因素，而且缺一不可。有的项目一本万利，回报率惊人，但是不一定适合自己，因为风险太大，成功的概率非常小，人们通常不值得为小概率事件去冒险，即便潜在的收益很诱人。有的项目看起来成功的概率很大，只要稍微用点心，基本上都可以产生收益，但是这些收益往往很少，有的基本上可以忽略不计，这个时候就容易产生机会成本的问题——如果投资其他收益更高的项目，无疑要更加划算。在经济学中有一个著名的辛普森悖论，这是英国经济学家辛普森在1951年提出来的，它的原理非常简单，很多看起来在分组占据优势的一方，最后反而成为弱势的一方，即赢的次数很多，但最后反而输了。为什么会这样呢？原因就在于有的人赢的次数很多，但是每次都是小赢，而有的人只赢了一次，但下注非常大，最后反而挣得盆满钵满。

在现实生活中，很多投资者都是抱着只要回报率高就值得投资的原则，往往很容易引发跟风投资。在最近十几年，房地产、互联网、直播带货、线上教育，这些都是高回报、高收益的项目，但并不适合所有人。很多人在这些风口上的确挣得盆满钵满，但是更多的人还是遭遇了重大的亏损，对他们来说，一个回报可观但成功概率不大的投资，具有很大的风险。真正优秀的投资者，会对那些所谓的优质标的进行深入分析，分析自己成功把握的概率，只有当概率处于安全水平内，他们才会出手。

在2008年伯克希尔股东大会上，芒格重点谈到了集中投资中高回报和高概率的问题：

> 在投资中，根本不应该采取分散投资的策略。只有那些一无所知的投资者才应该分散，专业投资者怎么能分散投资呢？投资的目标其实就是找到不分散且更安全的投资机会，一个人一生可能遇到一次的机会，如果只投20%的仓位，实在是不理智的行为。

如果对芒格及其背后的伯克希尔、《每日期刊》进行分析，就会发现它们都是综合回报率与成功概率进行投资的，就像芒格所说的那样，可口可乐、好市多、苹果公司之类的投资标的，即便再过几十年还会增长，没有任何理由要放弃。反过来说，有很多看起来回报率惊人的企业，虽然造富能力很强，但由于自己没有办法进行把握，反而容易遭遇失败。正是因为始终坚持这两个原则，芒格在挑选标的时非常谨慎，他只选择那些高效益、高回报且拥有概率保障的企业，这也是他在过去几十年里刻意克制投资项目数量的重要原因。

比如，芒格最近几年非常看好中国市场，认为中国市场有很多好的机会，但同时也批评了中国市场上的那些投机者，他觉得他们在投资方面过于看重回报，而忽略了安全性，芒格的看法是高回报和安全性缺一不可。

不仅如此，芒格所谓的集中投资并不是在少数投资项目上搞平均分配，在选定的项目中，仍旧存在主次之分，就像伯克希尔将更多资金投入苹果公司、美国银行、可口可乐、美国运通、威瑞森通信等主要项目上，其中，苹果公司的投资明显高于其他公司，至于其他项目的资金则要相对少一些。

在这种资金分配当中，芒格按照自己的方式进行分配，确保收益的最大化与风险控制的合理化，这就是凯利公式。在2019年的致股东的信中，芒格就谈到了这种方法。

"沃伦经常说：'一个人，居住在一座经济繁荣的小城里，并且持有这座小城里三家最优秀公司的股份，这么分散的投资难道还不够吗？'只要这三家公司都绝对优秀，那么在我看来，这样的投资就绝对够分散了。那个广为人知的凯利公式实际上给人们指明了一个方法，在自己拥有胜算的时候，在每笔交易上应该押下多少筹码才合适。当个人的胜算越大、成功的概率越高时，那么所下的注应该也越大。"

2019年致股东的信

在致股东的信中，芒格所谈到的凯利公式，其实是一个计算概率和优化投资比例的重要方法，它是一个数学公式，具体的方程式为：

$$f = \frac{bp - q}{b}$$

在公式中，p代表了投资者获胜的概率，b代表了赔率（成功时的收益与失败时的亏损比），q代表了失败的概率，f代表了所押的资金百分比。

假设一个投资项目获得成功的概率达到了70%，赔率是3，那么失败的概率就是30%，所押注的资金比例应该是：

$$f=\frac{3\times70\%-30\%}{3}=60\%$$

在伯克希尔的投资上，巴菲特和查理·芒格就多次尝试着使用凯利公式进行估算，而这个公式的前提就是进行概率上的估算。简单来说，投资者应该在最有把握的项目上投入最多的资金，在一些难得的好机会出现时，芒格甚至认为企业或者个人可以将90%以上的资金投入那些具有重大回报且成功概率很高的标的公司中，在其他把握不大的项目上，则需要稍微控制一下投资规模。

芒格以及芒格家族几乎将所有资金都投入少数投资项目当中，对此他信心满满，原因很简单，在他看来那些项目基本上都拥有不错的成长空间，面对这种大概率的项目，他没有任何理由放弃。而在具体的项目资金分配时，他又会按照凯利公式进行合理分配，保证总体收益的最大化。

在一些想都不用想的项目上加大投资筹码

"我想大部分人在碰到我所说的'想都不用想的绝佳机会'的概率非常渺茫,不过这些机会的吸引力非常明显,只要投资了就肯定可以获得不菲的回报。事实上,这样的机会少之又少,基本都是几十年才出现一次,所以我的看法是,当这一类稀有的机会出现时,人们必须有勇气和智慧加大下注的筹码来把握它们。"

1997年致股东的信

查理·芒格是一个很有耐心的投资者,他会花费大量时间搜寻和等待合适的机会出现,他称之为"稀有的黄金时机"。当所有的投资条件都得到满足时,他就会选择出手,而且会尽可能地投入更多的资金,对他来说,在一个优质股上下很大的筹码是非常明智的决定,要么就不投资,一旦投资就绝对不小打小闹,他不会放弃任何一个好机会。从某种意义上来说,他的投资行为"结合了极度的耐心和极度的决心",这是

芒格投资的一个特点。

但是芒格也承认，并不是每一次都具有这样的执行力，人们总是免不了要做一些蠢事，他也是如此，有一些非常优质的标的，可能根本不用做太多分析就可以做出投资决定，但在面对这样绝佳的机会时，他也会失误。比如，芒格曾经谈过一个比较另类的失败投资案例，早在几十年前，有人找到芒格，希望转让手里300股石油公司的股票。芒格的第一感觉就是这家公司的股票肯定会大涨，他大约估算了一下价格，觉得非常便宜，明显就是一只优质股，因此，爽快地入手这些股票。在完成交易的第二天，这个人再次找到芒格，提醒他"石油公司还有1500股待售的股票"，芒格虽然觉得这家公司的股票很不错，但苦于自己手上已经没有多少现金了，除非出售其他公司的股票换取现金，或者变卖个人的资产，这些方法看起来似乎都很麻烦，所以他直接选择放弃继续购买石油公司的股票。

没想到，两年之后，著名的荷兰皇家壳牌集团收购了这家石油公司，价格是原价的30多倍，按照这个价格，芒格错失的1500股股票直接造成了500万美元的损失。而更加令人感到可惜的是，这些股票一直都在上涨，到了今天，1500股股票的价格已经超过了50亿美元。芒格得知后，懊悔不已，如果自己当初可以更坚决地把握住这些优质股，那么今天的个人账户上将多出至少50亿美元。但就是因为自己的"怕麻烦"，直接导致自己失去了这样一个绝佳的投资机会。

和巴菲特错失微软公司、谷歌公司不同的是，芒格对于自己所要投资的项目非常有信心，几乎所有的指标都符合"优质公司"的标准，他要做的就是大胆做出决定，尽可能多地投入资金，然后坐等高收益。

芒格一生都在寻找这样的机会，虽然他的投资基本上坚守了保守的原则，但是只要出现那些不需要多费精力分析就可以投资的项目时，他还是建议投资者立即加码下注，不要错失机会。比如，在2016年投资苹果公司之前，巴菲特已经错过了苹果公司发展的高增长期，但即便这样，芒格还是建议巴菲特尽快入手，因为像这样好的公司并不多见，即便它是一家互联网公司（苹果公司拥有自己的研发系统，包括App在内的所有的产品都是围绕这个系统来打造的，因此，它被当成一个互联网公司）与科技公司。事实上，芒格对苹果公司的看好，在于苹果公司拥有良好的商业模式、出色的企业文化以及特许经济权，在行业内建立的"护城河"很难被破坏掉。以致在2020年，当巴菲特出售部分苹果股票时，芒格毫不留情地批评巴菲特犯了一个愚蠢的错误，因为只要稍微想一想，就不会做出这样的事。

在那些绝对优质的项目上，芒格的建议就是不要过于保守，比如，投资者不要总是试图继续观察和等待，想着寻找最佳的时机，一般情况下，面对这些好的项目时，越是等待就越容易导致机会的流失。除此之外，投资者不要总是想着先投资一点试试运气，看看是否可以收获较高的回报，而应该立即想办法加大投资额，确保自己可以将资本投资在最有把握且最能产生效益的项目上。

比如，芒格和巴菲特的拥趸段永平（OPPO和vivo的幕后投资人），在投资网易的时候，意识到网易的价值非常高，而股价很低，当时的股价为0.8美元，但每股现金竟然达到了2美元。不仅如此，网易的市值只有区区2000万美元，可现金多达6000万美元，而公司的净资产更是有6700万美元之多，这样一家公司显然是绝佳的投资标的，只要有点脑子的人都不会放弃这样的机会，所以段永平直接投入200万美元买入152万股网易的股票,之后继续增持。段永平当时手头拿不出那么多现金,很多钱是他向朋友借来的,有一些则是出售了其他公司的股票凑成的,很多人一开始认为段永平投入全部身家还借钱投资,这无疑是冒险的举动,但在他看来,这样好的机会非常难得,一旦错过了就可能再也遇不到第二个类似的机会了,因此他不惜一切代价加大投资额。

同样,"金融大鳄"索罗斯在1992年与英格兰央行对决的时候,经理人米勒建议他将全部的钱压上去,索罗斯听了直摇头,他觉得像这样的机会几乎百年一遇,仅仅把身家压上去显然还不够,应该将能够弄到手的钱全部下注,包括自己借来的钱和贷款到手的钱,结果索罗斯筹集到了100亿美元,最终大挣一笔。

事实上,在伯克希尔内部以及《每日期刊》内部,芒格一直都主张让那些经理人自己选择合适的投资项目,在平时的投资中,要尽可能对标的进行仔细分析,千万不能莽撞行事。但是在一些想都不用多想的项目上,经理人不需要花费太多时间去等待,甚至可以自己做主,加大投资额。按照芒格的说法,在一些具有明确投资价值的安全项目上,可以适当采取冒险的策略,没有必要保持保守的姿态,尽管这样的机会非常少见,但是只要把握住一个,就会给投资者带来惊人的回报。

那么,什么样的企业不用多想呢?

——表现出持续增长的惊人回报率。

——获得了非常可观的收益和现金流。

——拥有市场上的主导权和定价权。

——具备独一无二的经营模式和不可替代的市场价值。

——体现出高估值和低报价的特点。

把大部分资金集中在自己最擅长的领域内

"我并不清楚应该如何拍摄《星球大战》那样的电影,也不知道怎么以更高的价格卖到市场上去。既然这是一笔难赚钱的生意,那么就干脆让别人去赚吧。电影行业的生意的确非常难做。如果人们只有这一条路可走,而且自己非常擅长做这件事,那么就可以直接进入这个行业,否则也没办法做其他的选择。至于我本人,对于自己不擅长的事儿,基本上连想都不会去想。"

2017年致股东的信

1994年,芒格在南加州大学马歇尔商学院发表了演讲,在这一次的演讲中,他重点谈到了进化论的问题,并且提出了一个观点:在社会分工的前提下,人们总是能够在某些细分的狭长领域做得很出色,因此,他们要做的就是集中精力和资源,在自己最擅长的领域内拓展影响力。按照这个观点,芒格认为,聪明的投资者需要严格按照祖鲁法则进行投

资，即集中全部或者绝大部分资源，投资自己最擅长的那些项目。

祖鲁法则是英国股票投资领域最杰出的投资大师吉姆·斯莱特提出来的。通过对1879年的南非祖鲁族士兵以冷兵器对抗英军轮船大炮的战争进行分析，吉姆·斯莱特于是提到了一个观点，在自己擅长的领域内，如果集中优势兵力发动进攻，往往有很大可能击败比自己强大得多的敌人。之后，吉姆·斯莱特提到了一个投资的技巧，那就是集中资源在自己最擅长的项目上进行投资，这样就可以获得更高的回报。

芒格认为，一个出色的投资者应该熟练运用祖鲁法则，充分发挥自己的优势，同时采取集中投资的策略来提升投资的回报。原因很简单，在优势项目内，自己的资源、经验、技术、市场影响力、业务布局都比较出色，抵御风险的能力也更强，往往可以更好地驾驭相关的投资项目，这个时候，只要发现最擅长的项目值得投资，就可以加大投资的金额。

比如，1998年6月19日，伯克希尔公司宣布将和通用再保险公司进行合并，双方还签署了合并协议。按照协议的内容，伯克希尔公司花费220亿美元并购通用再保险公司，每股价格达到了276.5美元，这是一次免税交易，而通用再保险公司将有权选择购买伯克希尔0.35%的A股或10.5%的B股。

要知道，巴菲特和芒格一直都在嘲讽那些一味并购其他公司的企业，嘲笑那些一心想着并购其他公司的企业家，但转眼之间，他们就完成了一次历史级别的并购。对于巴菲特和芒格来说，这是此前从未有过的一笔交易，要知道伯克希尔公司在这之前最大的一次交易也只有这笔交易的1/10。而且总价高达220亿美元的交易金额，占据了当时伯克希尔340亿美元股权的60%，毫无疑问，这是一场"赌上公司命运"的大交易。

考虑到这样的资金体量，这笔交易看上去风险很大，但实际上对巴菲特和芒格来说，是非常值得投资的一个项目。原因很简单，伯克希尔公司本身就是以保险业务为核心的，对于保险方面的业务运作非常清楚，可以说是精通。在芒格看来，自己和巴菲特在最擅长的领域内进行投资，没有理由错过好的机会，完全可以集中最大的力量来完成交易，尽可能提升投资的回报。芒格一直都在强调安全边际，这个安全边际本质上就是避开陌生的区域，寻找自己了解的、熟悉的、有能力操控的项目，而重点选择自己擅长的项目，无疑可以在安全性与收益方面实现更好的平衡。

在集中投资策略中，选择一个好的标的至关重要，这也是集中投资的前提，而选择在自己最擅长的领域内挖掘机会，显然拥有更大的把握。比如：对地产非常了解且具备强大操作能力和业务能力的人，可以集中投资优质的房产；了解互联网的投资者，可以在自己最擅长的电商领域、线上教育或者其他业务上进行投资；同样，有的人擅长运作零售业的业务，对经营零售店很有心得，而且优势非常明显，那么就可以放心地集中投资一些好的零售项目。在自己最擅长的领域内进行投资，毫无疑问，可以利用好自身的优势，包括专业能力优势（生产和研发能力、营销能力、管理能力）、资源优势（渠道、客户、材料供应、文化）以及经验优势（过去积累的经验）。

在伯克希尔以及《每日期刊》公司，都会有专业的经理人负责各自的项目，尤其是那些子公司的负责人，基本上都是各自领域的出色人才，芒格并不担心他们会将工作搞砸，事实上，他们可以制订自己的工作计划，公司授权他们可以在专业领域内进行大规模的投资。

关于投资的问题，巴菲特曾经提出过一个观点：假设每个人一辈子只能买一辆车，那么一定会谨慎选择最适合自己的那一款，会选择自己开起来最顺手的那一辆车。投资也是如此，如果投资者能够以这样的心态操作，就能够按捺住内心的焦躁，理性而冷静地寻找合适的标的，寻找自己最擅长也最合适的标的，那么成功的希望也就更大。从某种意义上来说，集中投资者应该将每一次的投资当成唯一的投资来看待，这样他们就能够把握住绝佳的机会。

对于投资者来说，在投资之前完全可以制定一个清单，在清单上列出最擅长、擅长、不擅长等几个标签，然后每一个标签下对应地列出自己想要投资或者可供选择的标的，最后进行分析，看看是否真的适合投资。一般来说，投资者需要将大部分资金投入自己擅长的项目上，当然这个最擅长的项目必须表现出高价值、高回报的特点，在行业中，具备明显的投资优势。如果自己最擅长的项目中没有合适的标的，那么就要继续等待新机会的出现。

形成一个简单高效的投资组合

"医药行业的未来相比之下会更加容易预测一些，在目前的医药行业，几乎所有公司都可以获得不错的发展空间，有些还在行业内发展得非常好。我们可以很肯定地告诉所有人，我们所买入的那些公司形成的组合，购入的价格都是非常合理的，它们在将来也会有不错的表现，这与我们在投资银行业时的方法还是不一样的。"

2019年致股东的信

芒格曾经说过，一个投资者要是盯着40多家公司，没有谁能够保证把握了那么多的选择而占据什么投资优势。人的一生只要盯紧8~10家公司就可以了，甚至盯紧1家公司，人们也能得到预期的回报。按照芒格的说法，投资者需要尽可能保证投资项目的数量，确保项目在可控范围内。他一直都反对多元化和分散的投资模式，但拒绝多元化并不意味着一辈子投资一家公司或者两家公司，对于实力雄厚的投资者来说，如果条件允许，可以选择几个不同的项目，组成一个兼顾收益与安全性的投资组合。

比如，伯克希尔投资了喜诗糖果、可口可乐以及苹果公司这样的大企业，但它的核心业务是保险，并先后收购了几家保险公司，这样做的目的一方面是把握住保险行业的发展机遇，增加自己的收益，另一个方面则是更好地借助保险浮存金来保障投资所需资金。考虑到保险业务存在一定的风险，伯克希尔又收购了通用再保险公司，扩展了再保险业务，这样就可以给保险业务上一道保险。相比于其他投资公司，伯克希尔的多元化并不明显，它有相对明确的投资范畴，不仅如此，所有的投资项目实际上形成了一个比较合理、科学的组合。芒格本人的投资更少，其中大部分资金投资在伯克希尔公司，与此同时，又积极开拓中国市场，确保投资项目的丰富性与合理搭配。

简单来说，芒格强调的集中投资并不是单一的投资，而是追求有限的多元化和相对较弱的分散投资，目的是打造一个稳健的、强大的、关联性弱的资产结构。在这样的资产结构中，所有的企业必须是优质股和潜力股，它们的业绩相对比较稳定，并且拥有很好的发展空间。更重要的是，相关的各个投资标的最好保持独立，关联性不能太强，以免其中一项投资受到影响，就会牵连到其他的业务，这样就不符合安全投资的原则。

芒格认为，合理的资产结构在数量上得到有效控制，同时要兼顾多元化的类型。比如，上市公司与非上市公司要有一个合理的搭配，投资上市公司的优势和作用在于，投资者可以通过出售和购入股票来调节内部资金，而非上市公司能够为投资者提供可观的收益和分红，从而筹集投资其他上市公司股票所需的资金，也可以将这笔钱用于非上市公司其他业务的拓展，它是资金的重要来源，也是投资拓展的重要保障。在投资标的选择上，芒格从来就不在乎这家公司是不是上市公司，有很多非上市公司也让芒格感到满意，例如，喜诗糖果就是一家非上市公司。据相关部门统计，从1986年到2017年，伯克希尔公司投资的所有（持有的和出售的都算）非上市公司占据了65%的比重，而上市公司只有35%。在伯克希尔公司，非上市公司仍旧是投资的主流，这也显示出芒格和巴菲特集中投资的理念，他们更希望有稳定的现金流作为投资基础。

又比如，芒格强调轻资产的投资，认为投资者可以将大部分资金集中在现金流更充足的轻资产上，轻资产投资的成本相对较低，而总资产收益则要更高一些，升值空间往往也更大。还有一点，轻资产在出售的时候，往往可以折价出售，资产抵御风险的能力比较强。除了轻资产，还需要适当投资一些重资产项目，重资产更能创造价值，而且更容易占据市场。通过轻重资产的合理搭配，可以有效保证现金流和成本控制，同时强化提升了风险抵抗能力和营收能力。芒格投资的好市多、可口可乐、喜诗糖果、医药，基本上都属于轻资产项目，它们本身就不具备经营重资产业务的条件。但他也投资了比亚迪新能源汽车这一类重资产业务，就是因为比亚迪在行业内实力雄厚，竞争优势非常明显。

总的来说，在整个集中投资理念中，芒格一直强调的是收益的最大化与安全性的保障，所以投资组合的设置和安排也基本上按照这种思路来展开。与此同时，为了保证合理的发展，投资者还需要将能够产生及时回报和具有成长空间这两个因素结合起来，一个项目如果具备成长空间，就意味着投资者可以着眼于未来的发展来开展项目评估，而产生即时回报则是赢得当下并为未来发展奠定经济基础的一个保障。

比如，芒格的《每日期刊》所持有的证券投资组合仅仅包含了六只股票，其中，有四家是美股上市公司，分别是富国银行、美国银行、美国合众银行和浦项制铁，还有两家非上市公司。从个人的角度来说，芒格的投资除了伯克希尔与《每日期刊》，其个人的股权投资包括巴郡、《日报期刊》、好市多，以及对冲基金喜马拉雅资本掌舵人李禄管理的基金，这些投资形成了非常好的组合，投资回报率很可观，而且兼顾了收益与安全性。不过对于不同的人来说，需要按照自身的情况进行投资，制定符合自身发展和需求的投资组合，没有必要一定要跟随芒格去投资。

抛售那些不挣钱的业务

"我们收购韦斯科已经有很长的时间了,在过去他们做了许多交易,但是只有其中的五六笔交易产生了不错的收益。现在情况变得非常有趣,当人们尝试着做成千上万的小事时往往很难真正把事情做好,但如果尝试着把几件事做好,通常就会有好的结果。"

2016年致股东的信

在投资中,追求效益最大化一直都是投资者的目标,一般来说,不同的人对于效益最大化有着不同的理解。有的人认为,投资效益最大化就是要将大部分资本集中在那些回报率最高的项目上;有的人认为,效益最大化就要采用多元化投资的策略,只有投资更多的项目,才能挣到更多的钱。可是在芒格看来,多元化策略往往意味着投资良莠不齐,可能其中存在很多不错的标的,也有很多标的非常糟糕。即便那些标的都比较出色,投资者也会因为个人精力不足、经验不足导致其中的某些投

资越来越差。

芒格一直都在强调集中投资的策略，尽管他也赞同打造一个资产组合，但为了做好集中投资，他会采用深入挑选和精简的原则，不断淘汰和抛售那些在发展过程中失去盈利能力，以及盈利能力不强的业务，确保将资金集中在其他更挣钱的业务上来。事实上，芒格和巴菲特对于投资组合的打造非常严格，他们会认真审核每一项业务的营收情况。比如，他们一直都认为，在判断是否应将盈余保留在公司时，股东不应该只是单纯地比较增加的资本所能增加的边际盈余，因为它很容易被核心业务的发展所扭曲。核心业务的巨大盈利能力会掩盖其他普通业务的问题，就像职业选手和业余选手进行混合高尔夫球赛一样，很多时候，即便大部分业余选手的比赛成绩一塌糊涂，但团体比赛仍旧可以取得最佳的成绩，原因就在于职业选手取得了很高的分数，他们的技巧在整个比赛中起到了决定性的作用。

仅仅查看公司整体的收益是不符合高效益的投资理念的，市场上存在很多持续效益很不错的企业，它们表面上看起来非常出色，但实际上毫无吸引力。这些公司依赖一些非常挣钱的核心业务来支撑起自己的繁荣，而在其他资产分配领域内则表现糟糕，一直都处于亏损之中。管理层甚至反复强调一定要汲取经验，但是下一次他们还是会犯下同样的错误，高价收购那些平庸甚至业务糟糕的企业。

芒格一直都对内部的浪费行为感到不满，他认为资本只有在回报率最高的项目上发挥作用，而那些不能带来回报的平庸业务应该及时清理出去。在伯克希尔公司内部，并不是所有的项目都值得长期持有的，尽管芒格和巴菲特一直都在强调长线投资，但是一些不挣钱的股票会被出售。比如，国际商业机器公司（IBM），2011年，伯克希尔花费100多亿美元购入IBM股票，并且直接成了IBM最大的股东。可是在建仓之后，伯克希尔的这笔投资一直处于亏损之中，到了2015年年底，伯克希尔在IBM公司的投资已经出现了26亿美元的账面亏损，巴菲特仍旧继续持有股票，期待着这家老牌的科技公司能够慢慢恢复过来。但直到2018年年初，IBM公司的回报率也只有4%，而同期的标普指数都已经上涨了100%。面对这样惨淡的业绩，芒格和巴菲特在年初就抛售了IBM的股票，前后也不过只有6年时间。

芒格曾经对IBM做出评价，认为IBM的传统业务具有很强的黏性，但随着世界格局的改变，IBM逐渐落伍了，甲骨文和微软后来居上，事实上，IBM并没有很好地把握好个人电脑激增的时期，它的新业务目前形势并不明朗，旧业务则开始陷入停滞状态，逐渐消失。面对这样一家公司，芒格和巴菲特的做法很简单，就是尽早甩掉相关的业务，将资金集中用于其他更优质的项目。

巴菲特和芒格强调的集中投资实际上是处于不断变化当中的，一些不好的项目会被优质的项目取代，伯克希尔作为一个拥有几千亿美元规模的投资公司，完全有能力同时投资几百个，甚至几千个标的，但芒格一直都在谨慎地控制它的规模，他不断向巴菲特以及其他股东宣传集中投资的好处，一而再再而三地实现业务精简和集中。几十年来，伯克希尔投资过很多业务，但很多不挣钱的业务会不断被淘汰出局。被淘汰和出售的业务中包含了以下几种：

——有的项目一开始比较挣钱，但是随着行业的变化，企业发展进入下行通道，回报率不断降低，公司开始逐步减少股票，甚至全部出售，以便获得更多的现金来投资新标的。

——有的项目则是一直处于低收益或者亏损之中，巴菲特以及其他股东失去了耐心，选择将其抛售，以免成为一个累赘。

——有些项目长时间处于波动之中，亏一点又涨一点，然后又亏回去，这种反复波动的股票没有稳定的、持续的高收益，最终被伯克希尔的高层嫌弃。

多年来，芒格一直深谙精简之道，无论是企业的团队管理，还是投资模式，两个人都坚持保持简单的风格，将那些无关紧要的细枝末节给删除，而首当其冲的就是那些不挣钱的业务，它们最终都会被伯克希尔慢慢剔除掉。也正是因为如此，伯克希尔以及《每日期刊》一直都保持很好的"瘦身"状态，公司内部的资产组合也越来越合理。

给自己持有的优质股加注

"我们买入了很多中国的股票,我们还想要买入更多的股票。"

2019年致股东的信

优秀的投资者善于审时度势,他们会依据时局的变化、股市的变动以及公司的发展进行战略性和战术性的调整。简单来说,他们的"投资时钟"处于不断变动的过程中。比如:有的人会不断减持手中的股票,因为他们手里的股票正在丧失原有的活力,交易价值随着创收能力的下降而不断下降;反过来说,有的人则会选择不断增持手里的股票,尤其是当这些股票的发行公司发展越来越好,价值越来越大时,他们就会连续多次买入股票。

增持股票实际上也是集中投资中的一个重要方式,主要是为了在自己最信任的股票上获得更大的收益。随着增持的股票越来越多,这些股票在整个资产组合中的比例也会越来越高,那么它的收益对整体收益的影响也就越来越大。作为保守的投资者，芒格和巴菲特一样，更喜欢通过试探性的方式进行投资，除了收购，他们的很多投资都是循序渐进的。比如，在投资可口可乐公司的时候，芒格和巴菲特就采用了不断增持的方式。

一开始，巴菲特和芒格做了一个大致的分析，那就是如果一个团队想要打造出一个接近可口可乐这样的饮料品牌，究竟需要花费多少钱，结果两个人得出来的答案是：就算是世界上最好的营销团队，想要完全复制可口可乐的品牌，恐怕有1000亿美元也办不到！这个观点听起来有些令人惊讶，毕竟当时可口可乐的公司市值仅有150亿美元左右。

芒格认为，花费1000亿美元也未必能打造一个同等水平的可乐品牌，现在只值150亿美元，无论从哪个角度来看都是一笔稳赚不赔的买卖。1988年，巴菲特下定决心花费5.92亿美元购入可口可乐公司的股票，当时这笔投资并没有被人看好，但芒格和巴菲特都非常坚持，而且暗自窃喜，生怕被人抢占了先机。1989年，巴菲特再次投资，增持到10.24亿美元。结果到了1991年，这些股票就超过了37亿美元。但芒格和巴菲特并没有就此打住，1994年，巴菲特又增持了2亿美元的股票，数年来的总投入约为13亿美元。

芒格曾回忆那段时间的疯狂，伯克希尔一直都在加紧购入股票，以至有一段时间内，市场上交易的可口可乐股票有一半都是伯克希尔买下的，这样的举动显示出了伯克希尔对可口可乐的信任和重视。而事实上，频繁的加注带来了好运，到了1997年，巴菲特投入的13亿美元的股价已经变成133亿美元。

在很多投资项目上，芒格和巴菲特都是采用这样的方式，他们有着自己的估算，如果股票真的是优质股，那么股票开始下跌，增持就可以有效分担股本。芒格和巴菲特的很多投资都是建立在追跌的模式上的，优质股的下跌往往会成为他们增持的一个最好机会。当然，价格如果继续往上涨，那么增持股票，同样会获得更大的收益。

在最近几年，芒格开始频繁在中国市场上加注，不仅投资了比亚迪，而且还在2021年建仓阿里巴巴。在他看来，中国市场的日益成熟和完善，为投资者提供了很多好的机会，他没有理由不加大投资筹码。

需要注意的是，还有一种比较常见的增持方式就是回购股票，而这通常是针对那些发展状况良好、潜在升值空间很大的上市公司而言的，巴菲特和芒格已经多次回购股票，以此来增持伯克希尔这样的优质股。比如，在2020年，伯克希尔就进行了247亿美元的股票回购，而在2021年的第一季度，伯克希尔再次回购66亿美元伯克希尔股票。对芒格来说，在找不到更好的投资标的之前，增持自家的股票就是最好的一个方法。

无论是哪一种方式，芒格的想法很简单：对于有增值潜力的股票，而且当这种增值空间大于其他股票时，就没有必要错过继续买入和增持的机会。其本质其实还是追求效益最大化。这和平时的投资没什么不同，某人投资了A公司，这家公司的年收益每年都在增加，股价也不断上涨，而他所投资的B公司与C公司虽然表现也不错，但相比之下就要差一些，至于其他公司的投资更加不理想，那么这个时候增持A公司的股票就成了最明智的选择。

有很多投资者会担心继续增加某一家公司的股票持有量，会导致整体投资的失衡，可是对于那些集中投资的人来说，只要自己持有的股票一直在涨，那么就没有必要去担心，哪怕将90%以上甚至100%的资金投资到某一只股票上也没有任何关系。在集中投资的策略中，增持和加注那些已经持有的股票并没有什么特别的，很多人都会这样做，最重要的是进行价值分析，看看这只股票是不是真的具备高价值，有没有上涨的空间。此外，要了解是不是存在比增持股更好的股票，如果没有，那么就可以选择增持。

在投资和增持的时候，投资者都需要注意一个问题——很多高价值的企业其实已经没有多少上涨空间了，在股价高峰期进行增持并不是一个明智的选择，就像很多人现在购买苹果股票、谷歌公司的股票一样，虽然还有一定的回报，但最好还是选择增长空间更大的标的。

第四章

保持投资思维的独立性

从众只能获得平均收益

"我已经活得足够久了,很清楚地知道这样的趋势意味着什么,投资者真正应该做的就是选择直接忽视。不少投资者会通过借贷的方式进行投资,尤其是当他们看到股价上涨就迫不及待地进入股市炒股,这往往是非常危险的行为。我认为,股东必须更加清醒和理智,不要别人买了什么就跟着买什么,这就是一场赌博。正如人们经常说的那样,如果你想要了解一个女人,那么最好是亲自去了解,我觉得你应该不会听从我的这些劝告。"

2021年致股东的信

在日常生活中,有很多人没有自己的想法和原则,遇事往往跟随大众,在芒格看来,这是社会认同倾向的一种表现。芒格认为,随着人类的进化和社会群体的出现,社会认同倾向开始出现,人们会自动根据周边人群的思考和行动模式来思考自己的思考和行动。人们评判是非的

标准往往就是看别人怎么去想，当人们看到周边人在某种场合做某种事时，他们会认为，这样做很有道理。从某种意义上来说，社会认同倾向有助于经验的传承。制度的遵守以及道德的形成，社会的稳定和群体的形成往往也依赖这种社会认同倾向，因为具有相同或者相似思维的人，拥有社会认同倾向的人，往往更容易凝聚成一个具有向心力的群体。但社会认同的倾向同样会造成一些麻烦，最典型的就是从众心理和群体效应。

广告商就善于利用社会认同倾向产生的从众心理，当广告中强调卖出了多少商品或者销量增长速度多快时，往往会对消费者产生强烈的暗示和引导，消费者会认为一定有很多人在购买这款产品，因此，更容易跟随他们做出购买的决定。有些商家甚至雇用自己人在店门口排起长队，这样同样会吸引更多的顾客前来光顾。从众心理的出现其实往往是为了寻求一种安全感和依靠，人们通常会认为当多数人都在做某一件事的时候，这件事情就一定值得去做，至少自己去做不会承担太大的风险。

寻求安全或者降低风险并没有错，但如果一味盲目从众，没有自我，遇事缺乏独立的思考方式，反而有可能遭遇风险。在投资中，从众心理往往会成为一个巨大的风险因素。比如，某地的新品种（西瓜）在2018年，获得了大丰收，而且西瓜非常畅销，价格也是最近几年最高的4元一斤。结果第二年全国各地就会有大批农户种植新品种西瓜，西瓜的规模很快就扩展了5倍之多，可是价格也很快下跌到1元一斤，不仅如此，多地的新品种西瓜出现了严重的滞销。如果用心进行观察，就会发现，每当市场上出现一个火爆的投资项目时，那么基本上只要几年时间，整个行业的生意就会越来越难做，原因就在于大量的投资者和投机者会跟风涌入市场，改变内部的供需平衡，最终导致大家都没有太多钱可挣。

从众通常会导致低效，因为当一项业务被多数人发现的时候，那么它就不再是一项好业务，也许它可以带来一定的收益，但是这种收益绝对不会很高。芒格认为当投资者模仿一大堆人时，往往意味着正在接近他们的平均水平，个人的收入也接近平均水准。而事实上，任何一个行业内，当大量的投资者跟风涌入之后，绝大部分人可能都无法挣到钱，无论是农业种植，还是股市投资，都是如此。这里不仅涉及供求关系的变化，还可能涉及大的投资机构与投资散户之间的竞争。规模大的投资机构会抢占先机，占据最好的资源和市场，而散户则会沦为牺牲品，甚至有可能被投资机构误导和欺骗。

在从众行为当中，芒格认为，往往包含了一些外部力量的干扰和诱导，所以他说过：

> 当外部因素以某种方式结合在一起的时候——或者像平时所见到的那样，有人像魔术师一样故意引导和操控你，使你对于相关事物的认知出现错乱——这个时候，你就免不了要成为一个任人摆布的傻瓜。

在多年的投资生涯中，芒格一直都在坚持自我，遇到一些投资风口和热门的项目，他也会产生兴趣，但绝对不会盲目冒险，而是按照自己的思维和模式进行分析，找出值得投资的理由以及不值得投资的理由。

对他而言，每一个人投资的条件、背景、能力、学识都是不一样的。对A来说，这是一个好的项目，可以挣到很多钱；但是对于B来说就未必适合，也许只能勉强保本；对于C来说，或许就是一次失败和亏损的投资。

在过去几十年，世界发生了翻天覆地的变化，但芒格一直都在坚持独立自主的投资模式，无论出现了什么投资风口，他都没有盲目追随大众行事，反而一直试图通过对大众投资行为进行分析，找到属于自己的投资之道。比如：当大部分人都不看好某只股票时，他反而买入了这只股票；当多数人都觉得这是一个好项目时，他刻意保持距离。铁路和航空曾经是投资者的最爱，芒格冷静地与其保持距离；谷歌公司和微软公司也曾火爆一时，他同样选择忽略它们，尽管因此错过了其中一些好的机会而感到可惜，但实际上在芒格看来，这些项目不仅超出了自己的投资范围，而且因为过于火爆，反而让自己感到担忧。

比如，期货市场上就存在一种非常独特的"市场心理指标"：如果80%的投资人看好某个项目，那么该项目的行情就会下跌；反过来80%的人如果不看好这个项目，那么行情往往就会不断上涨。这个指标其实就是对从众心理和行为最有力的警告，也证实了芒格的看法。所以芒格在投资上一直都坚持独立分析、独立思考、独立运作的原则，虽然他也会在某些方面征求其他股东的意见和建议，但绝对不会盲从。正像他所强调的那样，大多数人都认同的项目往往不会是一个好项目，真正的好项目往往会被人忽略掉。

当别人贪婪时要恐惧，当别人恐惧时要贪婪

"我觉得其实每个人最真实的想法还是愿意高抛低吸，我一直觉得就是这样。对于股票投资来说，这才是它正常该有的样子。"

2021年致股东的信

世界知名价值投资者霍华德·马克斯在《投资最重要的事》这本书中，提到了一个非常重要的概念"第二层思维"。在他看来，不同的投资者往往处于两种不同的思维层次上：第一种思维模式偏向大众化，想法、理念、观点、结果具有相似性，而且这种人喜欢追随大众，处于第一层思维当中；第二种思维模式则注重与众不同、出其不意，它不同于普遍存在的观点和思考模式，而是有着自己独特的视角。

位于第二层思维中的人非常少，他们在生活和工作中的表现明显高于常人，属于各个行业内的精英。在投资行业中，拥有第二层思维的人往往可以更精准地把握住良好的投资机会，比如，当某个企业的股价不

断上涨的时候，往往会有很多人继续买入，在他们看来，股价上涨就意味着企业发展很不错，股价还会继续上涨，这就是典型的第一层思维，这种人往往会因为盲目跟进而被套在高价位上。而真正拥有第二层思维的人则会察觉到股价疯狂上涨的危机，而选择出手。相比于股价上涨，他们往往更喜欢在股价下跌时购入股票，当然前提是这只股票是优质股。

芒格就位于第二层思维当中，他在投资时从来都不会盲从市场的选择，而是按照自己的逻辑和理解进行操作，往往是有异于市场表现的操作。比如，2008年席卷全球的美国次贷危机，芒格就对其印象深刻，并且提前做出了正确的判断。其实，早在2007年以前，美国的房地产市场发展势头很猛，多数人都坚信美国房地产还会继续火爆下去，他们将其称为"世界上最坚挺的产业"，可能会存在地域性的波动，但从全国范围内来看，房价不可能下跌。对房地产的过分乐观，使得大量次级贷款公司应运而生，普通人甚至是信用很差的人也可以轻易获得贷款。

正因为如此，当问题变得越来越严重的时候，很多信用差的人根本还不起房贷，次级抵押贷款机构纷纷宣告破产，紧接着投资基金被迫关闭，而此前形势一片大好的股市也引发了剧烈震荡。次贷危机横扫全美，很多人在危机中变得一无所有，银行也面临巨大的冲击，而只有少数人预测到了这一次的危机。

而在次贷危机爆发之前，芒格就察觉到了潜在的巨大风险，他还对参与次贷业务的金融机构以及相关的金融衍生品提出了批评：

最初人们只是试图通过这种方式来对冲利率所带来的风险（这原

本就非常复杂），而接下来的对冲操作（公布的盈利）出现了波动。为了消除这些波动，他们发明了新的金融工具，谎言开始不断出现，而很多大企业都在这么干。

金融衍生品通常都有很多条款，例如，当某人的信用被调低之后，就必须提供更多的抵押品作担保。对抵押者来说，一旦使用了足够的财务杠杆，就存在很大的破产风险。而当公司理所当然地去取走对方的抵押物品时，事实上并没有钱，为了降低自己面临的风险，他们开始积极引入新的不稳定因素。对于多数人来说，根本无法意识到这些发明出来的系统会带来灾难，而这确确实实是一个疯狂的系统！

在一个疯狂的、贪婪的环境中，芒格难得地保持冷静，并呼吁更多的人做好危机应对措施，而不是盲目进入地产行业，最好能够撤离市场。所以在整个金融危机爆发之前，芒格和巴菲特没有做出投资，而是选择静观其变。当时很多人认为芒格和巴菲特一样太过于保守了，但两人依旧不为所动。2009年3月，芒格才和巴菲特突然出手增持了富国银行，要知道那个时候的富国银行股价一路下跌，投资者纷纷失去了兴趣，市场上弥漫着恐慌的情绪，没有人敢于轻易投资，但芒格和巴菲特却选择逆势而上，在别人感到恐惧的时候贪婪地增持富国银行的股票。

芒格和巴菲特的逆势操作看起来违背常理，但实际上正好掌握了投资的本质。芒格一直都坚持一个理由，那就是市场经常会引导投资者的情绪，然后引导它们做出错误的判断，投资者要做好同市场的博弈，首先就要保持思维的独立性，要按照自己的理解去看待市场变化，并且利用市场的一些不寻常举动来寻找对方的弱点。如果更深入一些进行分析，其实就是对股市发展规律的把握，因为任何企业都不可能无限发展下去，任何一个公司的股价也不会无限制地增长。当一只股票疯狂上涨之后，肯定会到达一个顶点，然后下跌，而当股价下跌到一定程度时，也会触底反弹，这就是股价波动中的"波峰"和"波谷"。正因为如此，那些看涨不看跌的人，往往会在股价不断上涨时追加投资，最终很容易在高位成为接盘侠，而在股价下跌的过程中则错过了以更低价格入手的机会。

从某种意义上来说，在股价下跌的时候，往往更容易挖掘和把握那些优质的公司，对于那些优质企业来说，在内在价值和成长不变的情况下，股价下跌会导致企业的安全边际显现出来，投资价值此时会非常明显。但事实上，当股价持续下跌的时候，投资者可能会像迷失的羊群那样，陷入恐慌，市场甚至可能出现熔断，投资者通常很难保持清醒的头脑，只会跟着羊群奔跑和被踩踏。只有极少数头脑清醒、意志坚定的投资者会将这样的下跌当成重要的投资机会，选择在下跌狂潮中捡漏那些优质的公司。如果进行分析，就会发现，芒格和巴菲特的大部分投资都是在股价下跌严重的状态时发生的。而股价持续上涨并引发市场的疯狂投资时，即便是那些优秀的公司，往往也会因为价格太高而失去投资的价值。

正因为如此，芒格一直都坚持按照股市变化的规律进行投资，在选定优质项目后，坚持低买高卖的原则进行操作，在合适的时机内出手，而不会受到市场情绪的影响。

不要轻信分析师和专家的意见

> "如果对方将某件事吹得天花乱坠，那么我们必须保持警惕感。有一次，一个人向我们推销一家保险公司的业务，对方强调这家保险公司只针对水面下的混凝土大桥销售火灾险。如果事情真的按照他所说的那样，那么生意就实在太简单了，就像从小孩子手里抢糖果一样容易。很显然，这样的话，我们不可能真的相信。"
>
> 2007年致股东的信

在投资中，很多人喜欢倾听专家和所谓的投资助理的建议，在他们看来，这些专家在投资领域更加专业，更富有经验，而且掌握的信息肯定也更多，所以他们往往轻易就对专家产生依赖，并依照对方的指示进行投资。比如，很多投资者会将华尔街的意见和建议奉为圭臬，把华尔街的相关信息当成重要的参考，甚至直接以那些信息为准。正因为如此，华尔街的精英们可能煞有介事地反复强调市场预测，并通过这种方

式来更好地诱惑和剥削他人的资金，但事实上市场是不可预测的，他们比谁都知道这一点。

在2007年的致股东的信中，芒格和巴菲特就专门对10年来的投资手续费进行估算，发现很多的优质投资建议，实际上造成了大约1000亿美元的浪费，"经验丰富"的经理人依靠不靠谱的虚假信息挣得盆满钵满，而咨询建议的投资人却根本无法获得与付出相对应的回报。很多人认为只要自己支付的咨询费越高，那么获得的信息也就越有价值，而实际上往往只会让自己遭受更大的损失。

多年来，芒格一直都在劝说投资者远离华尔街，不要被华尔街那些所谓的专业人士所蒙蔽，这些人即便真的拥有不错的建议，往往也会自己下手，而不是将机会拱手让人，要知道华尔街的人都是以营利为目的，不可能真的大发善心。芒格自己也一直都在远离华尔街的聒噪，和巴菲特一样，他喜欢安安静静地住在小镇子上，耐心思考，认真分析，用自己的见解进行简单投资。在他看来，只要把握问题的本质与公司发展的核心逻辑，那么投资往往就会见效，而不必去倾听一些不靠谱的专家意见。

芒格对华尔街非常反感，而且对市场上存在的大量咨询机构、咨询专家和投资助理也感到不满，认为这些人的咨询工作基本上只是骗子行径。投资者和咨询者可以了解和学习成功者的经验，了解他们的投资理念和模式，可以了解他们的一些逻辑思维，但不要对具体的投资建议和具体的标的指导产生兴趣，更要和那些被人重点推销的投资产品保持距离。芒格曾经说过：

对于专业人士搞出来的投资产品，我基本上都是持怀疑态度的。当一个人不遗余力地向你推销叫卖某种东西时，我会本能地远离他。

许多专家和分析师还会给出所谓的股市分析和盈利图来忽悠咨询者，会重点推荐一些炒股的具体方法和投资平台，甚至还会提供一些内部消息，但这些往往都是骗人的，很多甚至是恶意伪造的，为的就是欺骗咨询者上钩。

芒格认为在投资领域，总有一些人做着专门拉别人下水的行当，他们会以专家的身份教导别人频繁交易股票。想一想就觉得不可能，一个能够在股市中赚到钱的人，怎么可能专职教唆别人炒股发财？他有这样的工夫还不如在股市中多挣一笔钱。

对投资者来说，学习一些投资经验和理论，的确会对自己产生一些指导作用，就像巴菲特本人就师从格雷厄姆，以及得到了芒格的指引那样，但这些人给予他的帮助都是一些理论体系，而不是具体的操作意见。需要注意的是，巴菲特很多时候都是按照自己的实践经验来验证理论是否正确，他拥有自己的思考方式和独立的评判系统，而不是盲从，而且他从来不会盲目相信专家们的建议和意见，即便是芒格给出的一些意见，他经常也会思考再三之后再做决定，甚至拒绝芒格的建议和意见。

芒格认为，投资者应该养成独立思考的习惯，要具备独立分析和独立判断的能力，不能人云亦云，更不能依赖那些更加专业的人。在他看来，如果投资者在思考问题的时候一味依赖他人，总是期待着能够从他人那儿获得更加专业的建议和意见，那么一旦他们远离自己习惯了的生活圈，就可能会在同类型的问题上感到束手无策，甚至遭遇灾难。

事实上，芒格多年来虽然扮演导师的角色，当他得知有人模仿巴菲特和自己的时候，仍旧表现得忧心忡忡。尽管他为自己所受到的关注和认同感到自豪，但芒格一直都在强调每个投资者都要保持独立性，所以多年来，他在保持思想独立和投资独立的同时，也一直在呼吁其他人不要盲目模仿自己，不要试图将自己的意见和建议当成《圣经》来对待。在他看来自己的优势在于花费了大量时间来提升知识储备以及心智，但问题往往也在于此，在心智提升上的过分投入通常不值得模仿，如果别人真的将他当成榜样，那么对方可能会丧失自己的独立性。

《华尔街日报》的专栏作家贾森·茨威格也曾说过，如果人们认为自己轻易就可以成为芒格那样的人，并且能够像他那样思考，那么这个世界上就绝对不止一个查理·芒格了。芒格提倡的多样化心智模型往往需要丰富的知识储备，还要拥有强大的分析和理解能力。简单来说，人们需要拥有参透事物内在联系的智慧。在很多时候，芒格的理论听起来都很散，甚至于他在致信给股东时，也缺乏统一的理论，如果不具备他那样的理解能力，绝大多数人都无法真正领略芒格打造的思维模型或者心智模型的魅力。如果只是单纯地模仿，那么人们很容易成为一个"什么都知道一点，但什么都无法深入了解"的人，他们自身的特点和个性会被抹杀，独立性也会慢慢失去。

从投资的角度来看，他并不赞同人们必须一字一句地记下他的话，而且他也基本上不会给投资者任何有关投资的具体意见，告知他人"应该重点关注和购买什么股票"并不是芒格擅长去做的事情。在每年的股东大会上，总是会有投资者希望芒格给予一些具体的建议，芒格给出的答案大都是一些理论性的东西，他不会告诉他人具体应该怎么做，因为那是一种不负责任的行为。

  对投资者来说，最聪明的做法是了解行业中成功者的经验，学习他们的投资理念和模式，结合自己的知识、能力、条件、资源、实践经验进行思考和分析，看看自己是否有能力和条件操作；同时要重点关注那些失败的案例，看看那些失败者是因为什么而遭遇挫折的，找出那些失败的原因，进行总结，避免自己入坑。相比于直接听信专家之言，依靠自己的学习和思考，反而更容易把握住投资的规律，找到挖掘投资机会的法门。

不要让具有表态综合征的人做决策

"一只蜜蜂外出寻找花蜜,当它找到花蜜后就会立刻飞回蜂巢,用舞蹈来传递相关的信息,告诉其他蜜蜂花蜜在什么地方,接下来负责采蜜的蜜蜂会集体出动。为了弄清楚蜜蜂采蜜的原理,科学家斯金纳决定做一个实验:他把花蜜垂直放在远离蜂巢的正上方。这是一个奇怪的实验,因为在大自然中,根本不可能存在这种垂直在上的花蜜,而蜜蜂自然也没有足够的遗传程序来传递这一消息,所以它们根本不知道该如何向同伴传递这样的信息。事实也是如此,当蜜蜂采蜜回来的时候,虽然像往常一样飞进蜂巢,但是却以一种非常混乱的状态翩翩起舞,其他蜜蜂也无法感知其中所要传递的信息。很显然,蜜蜂的基因中并没有携带任何这种情况下的信息传递模式,它们根本无法把花蜜的位置表达清楚。我一生中都在和像这只蜜蜂一样的人打交道,尽管我知道这是人类社会活动中不可或缺的一部分,但我仍旧要强调一点:对所有人类的组织而言,很重要的一点是,不要让那些患有表态综合征的人参与内部决策。"

1995年致股东的信

在谈到投资决策的时候，芒格谈到了非理性的一种形式，那就是表态综合征。哲学家柏拉图最早谈到了这个症状：智者通常是有感而发，而傻瓜一般是为了说话而说话。这里谈到的傻瓜就是指患有表态综合征的人，他们往往具有强烈的表达倾向，即便自己没有什么可说的，或者根本说不清楚一件事情，也会产生随便说点什么的冲动，这样的人往往不了解事情的真相，对于相关事情也没有什么深入的见解，是非对错也不清楚，但仍旧会干涉他人的想法，并不合时宜地做出决策，严重影响决策的合理性与科学性，这样很容易导致做出错误的决策。

在伯克希尔内部，每一个经理人都必须保持决策的独立，他们在很多时候要做出是否投资的决策，而巴菲特和芒格不会对此做出任何干涉，他们也不会做出任何评论。因为在很多时候，就连芒格和巴菲特也不了解这些业务是否合理，在面对一些自己不了解的项目时，芒格一贯的做法就是闭嘴，保持沉默，然后将决策权交给那些真正了解内情并擅长相关事务的人做决策，他不想自己成为一个破坏者，一个患有表态综合征的人。

在《每日期刊》内部，芒格也从来不会胡乱表态，即便他是董事长，也不会在自己不擅长的领域胡乱发表什么"高见"。在每年的《每日期刊》年会上，芒格虽然总会侃侃而谈，但是在自己不了解的问题上总是表现得很克制、很谨慎。比如，有人让他评价IBM的新业务，他表示自己并不清楚，也无法对其未来进行有效评估；当别人问到谷歌、亚马逊和苹果公司的价值是否被高估时，他常常会说"我也不知道，下一个问题"；在谈到子女教育，尤其是如何避免子女嫉妒心的问题上，他回答得非常干脆，直接表示自己没有办法。在事关一些重要投资上，如果他自己不清楚，也会表示无能为力。尽管芒格一直强调，一个人能做的最善良的事情，就是帮助他人掌握和了解更多的知识，但盲目为他人提供一些自己也不了解的知识，无疑会误导他人。

芒格是一个非常有自知之明的人，和投资一样，他虽然乐于为他人答疑解惑，但是相比于给他人一些错误的答案和不成熟的建议，他情愿闭口不谈。就连巴菲特也希望芒格可以在伯克希尔股东大会或者年会上更多地谈论一些话题，给投资者更多的好建议，但几乎每一次他都遵循尽量少开口的原则，在很多话题上不是保持沉默，就是一句话带过，基本上很少有什么实质性的建议。在《每日期刊》的年会上，他虽然会说得更多一些，但遇到自己不懂的东西，绝对不会多嘴，而是建议投资者自己思考和分析。

投资多年，芒格见过形形色色的人，而其中就包括了不少患有表态综合征的人。这些人喜欢在不同场合胡乱发言，喜欢谈论一些自己不了解也无能为力的事情，干涉决策者的想法，并私自在一些重要事项上做出决策。作为一个理性的投资者，他不仅合理应用自己的发言权，而且也绝不允许那些不懂装懂的人胡乱指示并自作主张。

在公司内部，芒格会充分授予其他股东很大的话语权，办公室里的每个人都有机会表达自己的看法和观点，都有权利来表明自己的想法，但是这种表达机会绝不意味着芒格一味听从别人的建议。他对于自己的投资还是有清醒而明确的认识，始终保持独立的分析和判断能力，不被一些错误的建议所误导。在一些内部会议上，芒格会要求专业人士发表讲话或者做出决策，其余非专业人士一般不会发表什么看法，这是伯克希尔内部文化的体现。

在投资和收购的时候，也是如此。芒格非常看重管理者的为人，包括能力和品性，有些公司的管理者做事缺乏原则，无论做什么事情都要参与和干涉，牢牢将话语权掌控在自己手中，甚至连决策权也从来不肯授权给他人，这种人很容易因为过度干涉而把事情搞砸。芒格不太欢迎这样的人，所以也不喜欢投资他们所在的公司。还有一点，芒格也不喜欢那些盲目求助于他人，听从他人胡乱建议和指示的管理者，在他看来，保持自己的主见很重要，投资者平时可以寻求外界的帮助，征求一些有价值的建议和意见，但绝对不能让患有表态综合征的人来干扰自己的决策，面对这样的管理者，芒格也会在投资时持保留意见。

总的来说，就是避免自己多说一些不懂的事情，避免让不懂装懂的人参与到讨论和决策中来，避免投资那些不懂装懂的人，避免投资那些喜欢聘用和纵容不懂装懂的人做决策的人。芒格将表态综合征当成偏见的一种形式，而偏见则会导致误判的产生，是投资者的大忌，因此，需要努力控制好自己的发言，避免滥用话语权。

拒绝谣言，保持独立的分析能力

"这是一个非常漫长的过程。任何人都不能指望周围的人某一天会向自己大喊一声'你要保持理性'，然后这个人就可以得到一个理想的结果。理性是一种在生活实践中慢慢得到的东西，它存在很大的变数，但是有理性总是要比没有理性好一些。"

2017年致股东的信

投资大师格雷厄姆曾经说过一个寓言故事：有个老石油开发商死后升入天堂，在刚刚踏入天堂门口的时候，他见到了耶稣的大弟子圣彼得，圣彼得告诉他一个好消息和一个坏消息。好消息就是他可以顺利跨进天堂的大门，但坏消息是对方必须放弃石油开发商的身份，因为天堂里的石油开发商名额已经满了。老石油开发商有些失落，他心有不甘地对圣彼得说："我可以进去和他们讲一句话吗？就一句话，说完立刻就走。"圣彼得点头同意。老石油开发商于是往天堂的门内大喊："听

说地狱里发现石油了。"话音刚落，天堂的大门立刻打开，接着天堂里所有石油开发商都跑出天堂，直接奔向地狱。圣彼得从未见到这样的情景，但还是忍不住连连称赞，于是就对老石油开发商说道："好吧，现在你可以进去了。"老石油开发商看着天堂门口奔向地狱的人，有些不舍地说："不，我还是跟他们一起去地狱比较妥当，我想这个传言有可能是真的。"

这个故事听起来有些荒谬，但是在格雷厄姆看来这样的事情在投资行业中几乎每天都在发生，散播谣言成了投资领域内的常态，总是有人会通过各种谣言来达到目的。从某种意义上来说，那些具有误导性的谣言要比具有真正高价值的信息更多。正是因为如此，很多投资者一不小心就可能中招。针对这种情况，芒格一直强调要做到独立分析和判断，尽可能结合现实情况进行分析，找出谣言中的漏洞，避免落入他人的陷阱之中。

事实上，信息往往是投资行业中最重要的要素，只有掌握更加丰富的高价值信息，才能够在投资中把握住那些优质的标的。不过想要获得高价值信息往往很难，一方面，因为高价值的信息不多，很难挖掘出来；另一方面，在挖掘高价值信息的过程中，往往会有各种各样的谣言干扰投资者做出判断，投资者无法判定信息的真伪，而且很容易受到误导。不仅仅是一些新人容易遭受谣言的侵扰，一些富有经验的投资者也可能中招，他们有时候也存在不理性的行为，在未经认真分析与核实的情况下听信传言，最终做出错误的判断。

谣言的种类有很多种，有的是单纯的虚假信息，发布者只是为了引流，对一些不存在的信息进行编撰，或者对一些信息进行夸大和不切实际的加工，这类信息可能会对所有参与投资的人产生负面影响。还有一些信息则是误导性信息，市场上的一些既得利益者为了维护自己的利益，就会想办法散播谣言，误导其他竞争者做出错误的判断，从而为自己的获利行为扫清障碍。还有一些则是故意挖陷阱，从其他投资者身上攫取更多的利益。

无论面对哪一种谣言，投资者都须保持理性，按照芒格的说法，投资者必须掌握分辨信息真伪的能力和技巧。作为一个经验丰富的过来人，芒格建议投资者认真审核市场上出现的信息，尤其是一些来源不清晰的信息。

那么，投资者该如何辨别信息的真伪呢？又该如何避免受到谣言的影响？

最重要的就是查看信息源，看看信息来源的通道是否可靠。比如，看看发布信息的网站是否靠谱，在过去一段时间内，这家网站是否也发布过其他不靠谱的信息，或者说这家网站是不是一家影响力很小的网站，会不会为了引流和造势而故意制造谣言。又比如，要查看一下发布信息的人有没有诚信问题，这个人是不是专业领域内的人，是不是关联公司的人。还有投资者需要看看信息发布的时机和背景，看看当前是否有重大的事情发生，它们和这些信息之间存在什么联系。

其实，想要弄清楚信息的真伪，最简单有效的方式就是看看涉事的机构和企业是否发布了公告，这些公告必须在公司的官方网站刊登或者通过正规渠道公开对外公布，这样才具有说服力。一些公司为了保密或者尽量保持低调，可能不会发布公告，投资者则需要尽可能把握一些细节信息，比如，看看涉事公司最近的人事调动情况，甚至于公司是否开始解散原来的班子，看看涉事公司是否存在筹集资金的情况。

还有一点非常重要，那就是必须具备独立思考、分析的能力，比如，一些公司的发展情况明显与传言中的内容不符合，或者说事情发生得很突然，没有任何征兆，这个时候就要防备谣言的影响。投资者可以适当对涉事公司或者相关的内容进行重点分析，看看里面的内容有多少是真实的，有多少内容看起来站不住脚跟。这是芒格最看重的，他认为谣言虽然会迷惑人，但是理性的投资者却可以通过思考来解决问题。比如，他认为很多谣言的产生就在于人们都希望听到好消息，而害怕听到坏消息，这常常让造谣者有机可乘，但是那些善于独立思考和独立分析的人，往往可以通过细节挖掘和推理来分辨真伪。

事实上，芒格一直都对谣言深恶痛绝。按照他的说法，投资者必须和谣言保持距离，只要发现明显弄虚作假的信息，就不要贸然相信。不仅仅是针对谣言，就是一些没有确切证据的传言，芒格也建议投资者保持谨慎，尽可能远离这些信息的干扰，他经常拿巴菲特的例子来教育他人。1962年，市场上出现了得州国家石油公司（一家小石油生产商）准备向加州联合石油公司卖盘的传言。这个传言引起了行业内不小的震动，尽管两家公司都没有站出来做出解释，但还是有不少投资者买入了得州国家石油的股票，可是巴菲特对此却毫无兴趣，他向来都不会听信传言进行投资。但事实上，听信传言而买入股票的投资者都挣了很大一笔钱，因为加州联合石油公司收购得州国家石油公司之后，股价大涨，而巴菲特则错过了这样的机会。

事后，很多人都替巴菲特感到可惜，但是他却表示下一次自己还是不会购买这类股票，因为只要两家公司的公告没有出来，他就必须保持谨慎的投资态度，如果这一次轻易行动，那么下一次就会因为不可信的谣言而上当受骗，而这样的态度也成为芒格和巴菲特给投资者最大的忠告。

好的公司是建立在批评基础上的

"伯克希尔是搭建在批评之上的。"

2003年致股东的信

芒格认为，巴菲特和自己接受建设性批评的能力是伯克希尔成功的一个关键原因。在伯克希尔公司的发展历史上，曾经有过很多不合理的投资决策，其中有一部分就是因为缺乏及时的监督和批评引发的。巴菲特和芒格的一些错误决策由于缺乏质疑和反对的声音，以致没能及时更正过来，最终酿成失误和损失。比如，在购买沃尔玛股份的时候，由于价格太高，巴菲特非常固执地停止了购买沃尔玛股份的行动，结果沃尔玛的股价一直疯狂上涨，因为他的固执，股东们因此损失了80亿美元的收入。

同样，有很多决策，正是因为有了其他成员的批评，才能够及时更正和调整，最典型的一个例子就是喜诗糖果的收购。1972年，巴菲特在芒格的推荐下看上了喜诗糖果，并且双方还进行了谈判，当时巴菲特和芒格认为这家糖果公司的价值并不算太高，而对方开出来的条件太高了，自己完全提不起继续谈判的兴趣。巴菲特和芒格经过商量，在内部发表了讲话：假设对方在谈判中再次提高10万美元，那么伯克希尔将会放弃这一次的收购行为。

当巴菲特和芒格都做出这样的决定时，伯克希尔公司内部并没有人站出来反对，一方面是因为他们同样没有意识到喜诗糖果的价值，另一个方面是因为大家都觉得巴菲特和芒格就是权威，自己没有资格也没有勇气去挑战权威。事情似乎已经定型了，芒格和巴菲特都认为伯克希尔最终会放弃这次收购，因为对方肯定还会再次加价。

当谈判即将展开的时候，芒格的好友艾拉·马歇尔站了出来，她狠狠批评了芒格和巴菲特的压价行为，认为用如此小气的行为对待一家有价值的公司显然不可理喻，他们值得为一家高品质的企业支付更多的资金。艾拉的话让芒格和巴菲特感到羞愧，于是两个人重新回到谈判桌，伯克希尔最终以2500万美元的价格收购了喜诗糖果，而这笔收购最终给伯克希尔带来数十亿美元的回报。

这一次的收购事件让芒格和巴菲特意识到了一个问题，公司内部必须培养敢于说话、敢于质疑的文化风气，只有这样，大家才能够参与到团队决策当中来，因为仅仅依靠巴菲特和芒格是不可能做出所有合理的决策的，也不可能保证每一次的决策都是合理的。在那之后，伯克希尔公司内部的民主决策变得更加出色，巴菲特虽然作为最终的决策者，但是他在做出最终的决策之前会遭遇股东的监督，芒格就是那个最有效的监督者之一。作为巴菲特的密友和老搭档，芒格多年来一直都在扮演这样的角色，巴菲特每做一项重大决策都会征求芒格的意见，两个人为此没少发生争执。芒格说过自己会毫不留情面地批评巴菲特做出的一些不合理决策，比如，他曾批评巴菲特在富国银行的投资上过于乐观且期待过高，又批评巴菲特在2020年出售了部分苹果公司的股票。不仅仅是批评巴菲特，他对于伯克希尔公司投资的很多公司都提出过批评，比如，批评穆迪公司（伯克希尔持有其20%的股份）只会做一些稀奇古怪的计算，又批评旗下的一些刊物完全不够专业。

而其他的股东也经常这么做，尤其是在2019年和2020年，一些伯克希尔公司的股东对于巴菲特持有大量现金却在将近十年的"大牛市"中没有任何投资的行为感到不满。他们认为，巴菲特和芒格缺乏自信和决断力，导致公司错过了很多好的投资机会，而像谷歌、微软、亚马逊、苹果、奈飞、特斯拉则发展迅速，而且推动了牛市的发展。还有就是最近几年越来越严峻的气候问题与环境问题，不少股东认为，巴菲特在相关问题上过于死板，在应对气候变化和能源改革的大背景下缺乏业务调整能力和战略思维。

无论股东们的质疑和批评是否正确，芒格都认为，这些批评至关重要，他本人非常认同这种企业文化，并认为一家企业不可能永远做出那些正确的决策，但是想要保持决策的科学性与合理性，就需要更多的质疑声和批评声来促使内部管理的完善，促使决策能够纳入更多的风险考量。

其实，在很多大企业当中，随着管理体系的完善，内部的决策体系都会将民主机制纳入其中，他们欢迎更多的人提出反对意见。比如，欧洲的一些公司就制定了新的决策规则，企业管理者在召开十几人的会议时，必须有一个人提出反对意见并且这些意见是合理的，否则整个会议的决策就被视为无效。举一个简单的例子，当一个11人的团队召开会议的时候，那么11人当中至少应该有一个人提出可行的反对意见，必须有人对相应的提案和决策提出批评。

　　批评并不一定是为了破坏最终的决议，并不是为了打破内部的权力格局，而是为了更好地保障决策的合理性。而且对于决策者自身而言，更多的合理批评往往意味着更低的决策风险，决策者本身也可以在说服批评者的同时，提升自己立场和观点的影响力。芒格曾经在信中这样告诉股东自己对批评的看法：

> 　　如果我不能够在全世界最聪明、最有能力、最有资格反驳这个观点的人面前更好地证明自己是对的，那么实际上我就根本不配拥有这个观点。

　　事实上，建立一个具有批评元素的企业文化很难，尤其是当一家企业内部拥有出色的领导者时，股东或者下属可能或多或少都会感受到额外的压力，通常情况下，管理者需要制定合理的决策机制和良好的沟通机制，并且要注意保障批评者的基本权利。比如，柯达公司就非常注重保护那些不同的声音，为了促进内部的良性交流，公司在办公室的走廊里存放一大堆建议表，任何员工都可以将自己的建议和批评性的意见写在建议表上，然后放入走廊里的任何一个信箱，当公司接纳了那些反对意见之后，提出批评和质疑的人会受到公司的嘉奖。

　　芒格认为，投资本身就是一项风险决策，想要确保投资的合理性与安全性，那么就应该广开言路，让更多持有不同意见的批评者加入进来，并且尊重他们的想法，只有这样才能真正降低风险，才能打造合理的决策体系。

第五章

提升风险控制能力,打造安全界限

不要沉迷于沉没成本,坚持及时止损

"有些从前的价值投资者,过去赚过钱,现在选择离开这个行业。我觉得他们的选择完全可以理解。在我个人看来,以否认的态度接着玩下去,不如选择退出更体面。"

2007年致股东的信

假设同样是成立一家公司,当投资者建好厂房,购买好机器设备之后,发现行情越来越差,同类型的产品开始被市场淘汰,这就意味着投资的这家公司基本上已经失去了市场,没有继续发展的必要。面对这种情况,有的人会选择放弃,因为对他们来说,虽然产生了不小的损失,但若是继续下去,损失只会越来越多,与其任由亏损放大,还不如提前放弃,相比于已经产生的成本,他们更加注重将来还要消耗的成本。有的人则会选择赌一把,在他们看来,现在放弃就意味着当前所有的投资都打了水漂,如果继续经营下去,可能会有好转,也不一定,他们往往心存侥幸，觉得自己有机会转亏为盈。从本质来说，实际上是对沉没成本的不甘心。

沉没成本往往是指那些已经投入的成本，与当前的决策没有任何关联，是指人们在做决策时，会受到过去所投入的时间、金钱、精力等因素的干扰，他们对于先前付出和投资的事情有非常强烈的忠诚度和继续投资的意愿。像办厂时建厂房所消耗的资金以及购买机器设备所花费的资金就属于沉没成本，当投资者放弃继续投资之后，这笔钱就成了沉没成本。很多在亏损中挣扎的人就是因为纠结于沉没成本而想着继续冒险，最终往往会越陷越深，越亏越大。

在日常生活和投资中，沉没成本几乎随处可见。一个人排队半小时后，发现旁边通道的排队人数更少，但他可能不会跑到旁边的通道去，因为他会觉得一旦自己这么做了，就意味着之前半小时的努力都白费了。赌博的人一旦亏掉了一笔钱，往往不肯善罢甘休，即便他们的手气很差，也会坚持继续赌，因为停止就意味着自己输掉的钱再也回不来了，而继续赌则有可能赢回那笔钱。

沉没成本和侥幸心理有关，但除了侥幸心理在作祟，个人的认知失调也会导致沉没成本的出现。当人们在某项事业上投入金钱、时间、努力后，就会对该项投资产生一种心理预期上的收益，而沉没成本的出现则与内心的这种收益性预期背道而驰。很多时候，人们为了维持"投资将会获取收益"的心理预期，往往就会选择坚持对该项投资继续投入。简单来说，就是当某个人花一笔钱进行投资时，对这笔钱所能产生的收益抱有一定的期望，当出现亏损之后，他仍旧会对那笔预期收益充满期待，一直不断给自己正面的暗示。

芒格认为，现实生活中有很多人都会对沉没成本产生侥幸心理，即便他们对于形势的估计非常明显，依然愿意继续冒险。在他所谈到的非理性投资中，侥幸心理往往是一个重要的推动因素，这就是为什么很多人在股价下跌并产生亏损时，一直都不愿意离场的原因，最终从短线套成长线，亏得血本无归。就像有人买了10元一股的垃圾股票，当股价下降到7元的时候，如果及时甩掉，不过是每股亏了3元；一旦不甘心而等到股价下降到5元，此时自己已经没有钱更换股票，也没有足够的钱进行补仓，只能任由事态继续恶化。

对于沉没成本，芒格曾经说过：

> 个人破产的原因往往在于不能控制心理上的纠结。当一个人花了很多心血以及大量的金钱时，就越容易产生这样的想法："估计就快达到目标了，再多花一些钱，事情就能成功……"人们往往就是因为拥有这样的想法而走向破产的——因为他们自始至终都不愿意停下来好好想想："之前的投入亏了就算了，没必要一直去想，我完全承受得住这样的损失，重要的是，如果不去想的话，我就可以走出泥潭振作起来。我不应该一直对那些损失耿耿于怀，这可能会摧毁我。"

按照芒格的说法，投资者需要理性面对沉没成本，确保自己不会受到干扰。1966年，巴菲特成立了多元零售公司，并开始收购一家连锁商店。这家连锁店在巴尔的摩中心区域，非常有竞争力。由于资金不足，巴菲特只拿出了一半的资金，另一半通过贷款获得，后来他将贷款改成了用公司债券筹集资金。可是不久之后，芒格就意识到巴尔的摩的零售业竞争非常激烈，两人意识到这笔收购是一个巨大的错误。

几乎没有考虑多久，巴菲特和芒格就决定出售这家连锁商店，考虑到机会成本的问题，这已经产生了不小的亏损，但对于芒格和巴菲特来说，及时止损最重要。在他们看来，确保资金的安全才是摆在第一位的。

芒格和巴菲特建议投资者必须审核、评估自己的投资标的，看看是否值得继续投资，一旦意识到没有什么盈利的空间，就要及时放弃。此外，在一些看不清发展前景的项目上，投资者可以设置一个止损点，只要触及止损点，就要立即止损，不能有丝毫的犹豫。芒格和巴菲特可能会设置一个亏损额达到30%的止损点，但需要注意的是，每一个人由于实力、经验、资产组合、投资标的的不同，其设定的止损点往往也不相同，有的人有能力承担更大的损失，就可以适当将止损点提升，有的人承受风险和损失的能力小一些，止损点会设置得相对较低。就像富豪可以将止损点提高到25%甚至30%，而资金不雄厚的普通人，可能当亏损跌破10%的界限就要选择放弃。

另外，不同投资项目的止损点往往也是不同的。比如，和普通的投资相比，将期货的止损点设置为20%并不合理，毕竟有时候即便是5%的波动也可能造成惊人的损失。如果是投资理财产品，很多人可能在出现1%的亏损时，就想着退出。反过来说，如果一个人开服装店或者从事餐饮投资，那么很多店家可能有能力承受40%以上的亏损。

无论是什么人，还是什么行业，设置一个止损点都是很有必要的，只要触及止损点，那么就要果断放弃那些沉没成本，尽早脱离危险区域。

打造更完善的风险规避机制

"我同意这样一个观点,只有一些非常极端的事情才可能导致伯克希尔陷入停滞。这就类似英国石油公司的一个油井爆炸产生了巨额损失,伯克希尔的优势在于拥有很多类似的子公司,它们互相独立。子公司遇到严重的问题,不会对母公司产生什么太大影响,尽管我们可能会为此支付巨额的赔偿。即便所有子公司同时遭遇意外事件,伯克希尔公司也不会遭受到严重损失。我们的自我保护能力远超过大部分公司,可以说,伯克希尔的架构本身就是为了处理这种压力而设置的。"

2017年致股东的信

在投资当中,盈利是所有投资者都在追求的目标,但是相比于盈利,如何保护好资金和成本,或许才是投资者最关心的事情。为了平衡好收益与安全的问题,很多投资者在投资的过程中会设置各种风险

规避机制，尽可能保证自己在获益的同时提升风险承受能力和规避能力。

在通常情况下，投资者会事先评估风险，找到投资过程中可能遇到的问题，找出那些最容易引发风险的因素，他们会结合过往的经验进行认真分析和评估，尽可能保证自己不会被那些显而易见的风险影响。但对于一些更为谨慎的人来说，风险规避工作的实施往往需要建立更加完善的机制和流程，简单来说，风险规避机制不仅仅是单一的某个方法，而应该是立体的、全方位的体系。

巴菲特和芒格对于风险预防非常重视，他们认为，企业不仅要充分考虑那些经常出现的风险因子，而且连过去没有出现过的一些风险项目也要考虑在内，当然，想要做到这一点就需要构建更加完善的风险预防和应对机制。早在2008年的致股东的信中，芒格就强调了伯克希尔的一些基本防备措施：

> 人们能够看到伯克希尔经常会遇到很多风险，但公司的处理方式有效确保了所有人都不会为此感到担心，因为风险之外总是包裹着双重的安全保障措施。

在这里，芒格所谈到的双重安全保障措施，其实就是在平常风险规避机制上进行完善。比如，很多投资银行为了更好地预防风险带来的伤害，会构建一个完善的财务模型，用于财务和资金上的评估，确保内部不会出现资金不足的危机。此外，这些投资银行每周会召开风险评估委员会会议，委员会的成员会针对潜在的风险进行分析，找出可能会带来风险和威胁的因子。但即便如此，投资银行在风险评估、风险规避方面表现不佳，很多投资银行在规避风险方面几乎毫无头绪。

相比之下，伯克希尔公司在风险规避上做得更加出色。比如，其中的一个重要机制就在于伯克希尔公司在诸多风险防护机制上还额外增设了"首席风险官"的职位，而巴菲特就担任这一职务，这样就可以确保企业在做出错误的决策时加以阻止。这就是为什么，很多时候伯克希尔公司会面临非常不利的局面，但公司总是可以按照合理的处理方式应对危机。

其实，在伯克希尔公司的很多方面，都可以看出芒格所强调的双重安全保障措施。比如，芒格曾经说过，伯克希尔为了投资，需要保护现金流，因此，公司完全可以使用更多的杠杆工具来盈利，对于这家以保险业务为主的投资公司，似乎使用更多的杠杆工具也不是什么太大的难事。但芒格和巴菲特却极力反对这样做，他们不希望杠杆工具的潜在风险毁掉公司，与其承担公司可能破产的风险，还不如想办法做一些投资回报率低的项目，这样反而更能够睡一个安稳觉。除了减少杠杆工具的使用，芒格还强调对保险业务进行保护，于是不断拓展再保险业务，并且还积极增加对轻资产项目以及非上市公司的投资，尽可能多地创造现金流，为企业的投资做好充分保障。

在内部关键投资的决策上，伯克希尔也秉持着民主和监督的原则。民主指的是让更多人参与决策当中，确保决策的合理性，而监督则重点表现在众多参与者对主要决策者以及最终决策人的监管，只要有什么不合理的地方，监管者就会指出来，避免出现不理性的决策行为。所以在伯克希尔公司的一些重要决策上，巴菲特会自己做出决策，但会要求经理人从旁帮忙审核，或者说经理人在做出判断时，交给巴菲特做最终的决定。当巴菲特做决策时，会直接将相关的决议交给芒格，让他帮忙审核一下，只有芒格也同意这些决策，他才会放心地拍板定案。

不同的投资者和投资机构可以按照自己的方式来规避风险，但无论是什么模式都要尽可能做到完善，单一的风险防备机制和规避方法并不足以规避风险，更不足以真正抵挡风险的冲击，只有使用多重方法，建立立体的防护机制，才能够将风险降到最低水准。

一般来说，打造风险规避机制往往离不开以下几个层面的部署。

风险分析：要对潜在的风险提前做出精确的分析和预测，看看这些风险究竟是什么，体现在哪些方面，具体会有什么样的影响，投资者最好列出一张风险清单或者风险因子的清单，然后依据清单进行整理，提前做好防备。

方法审核：当投资者制定投资策略和具体的执行方法时，不要急于动手执行，而应该对这些方法进行审核，看看存不存在什么漏洞，是不是符合投资项目，会不会产生什么负面影响，以及有没有更好的方法来取代它。

决策复议：对于任何一个重大的决策来说，都要保持谨慎的态度，为了避免出错，最好还是采取多次复议的模式，让更多的人参与到决策讨论中来，同时通过多次讨论来完善内部一些不合理的内容。

多管齐下：在投资过程中，为了保证风险得到有效规避和控制，最好的方式就是打造多重防护机制，尽可能从更多的方面制定风险防护措施。这样一来，当某一层防护方法和机制失效之后，第二层、第三层风险规避机制会发挥作用。

对于投资者来说，除了做好以上几个方面的工作，最重要的还是提升个人的能力值和经验值，并且要坚持理性地看待风险，从根本上提升规避风险和抵抗风险的能力。

明确自己的能力范围，不做自己不擅长的投资

"我们投资成功的一个重要秘诀就是，从不假装自己了解所有的事情，从不以此来愚弄自己。我们有一个分类体系，将那些自己无法理解的东西，归纳到'太难'的类别中，而且我会不定期把那些暂时无法理解和解决的问题放在这个类别里，只有当解决问题的方案出现时，我才会把它们从'太难'的类别里挪出来。如果一个人不清楚自己的能力圈在哪儿，往往只能说明自己已经站在能力圈之外了。"

2018年致股东的信

在投资过程中，很多人都会想当然地认为，"这个项目并不难，自己应该可以应对""很多人都在投资这个项目，我也可以做得很好""该行业的项目是目前最火爆的，自己有必要把握潮流"。在他们看来，投资本身就是一个搜寻商机的过程，只要有商机出现，自己就可以入场，但是常常忽略了一个基本的问题，那就是这个项目是不是适合

自己,是不是在自己的能力范围之内。

关于能力范畴的问题,其实就是一个自我定位的问题,而自我定位是投资的一个基本前提,查理·芒格甚至将其作为个人投资的基本原则,也是把握个人安全边界的首要原则。在他看来,一个出色的投资者往往会谨慎地定位自己,而不是盲目地在市场中同其他对手进行搏杀。

有一次,有人在某个会议上谈到了房地产投资的问题,当时有很多人投身到房地产生意当中,并且有不少人认为投资房地产会比其他项目投资更加简单一些,只要找到几个不错的项目就行,然后坐等房产升值。面对这种盲目乐观的情绪,查理·芒格毫不犹豫地给对方泼了一盆冷水,而且还非常真诚地给出了自己的忠告:

> 投资房地产的一个普遍问题是,你知道的,别人也都知道。那些正在同你竞争的对手,基本上都来自那些小地方,他们对该地区的房地产生意非常了解,而且绝对比你所知道的要多得多。当人们去搞房地产时,大概率会遇到一些浑蛋、骗子、掮客,生意并没有想象中的那样好做。有时候人们会觉得一切都很简单,但是只要你认真看一看周边的人,他们都非常喜欢且擅长搞房地产,重要的是,他们都非常聪明,认识的人也多,而且知道房地产生意的窍门是什么。

> 如果你是一个新人,房地产市场中的那些好机会,恐怕连边也摸不着。对他们而言,房地产生意绝对不适合,只要好机会一出现,就被别人抢先拿走,新人根本没机会。相比之下,股票就不一样,大家在股市中是平等的,只要足够聪明。

后来，芒格将这件事写到信中，希望引起股东的注意。而他在信中对房地产投资的分析本身就揭示了一个残忍的真相，多数人都不了解房地产的生意模式和诀窍，严格来说，一个城市的房价和工资水平、人口以及人口结构、消费水平、人口流入情况、产业结构、教育水平、就业情况、地理位置等多个因素有关，人们需要掌握各个方面的知识，而一般人显然无法做到。因此，多数投资者实际上是在一种自己不了解也无力掌控的行业内冒险。

如果从芒格多年来的投资，以及对伯克希尔投资的一些建议来看，就会发现他一直都在反对做自己不了解、超出能力以外的投资。最典型的一个例子就是在互联网和科技公司的投资问题上，他和巴菲特一直都坚持与之保持距离，尽管错过了谷歌公司和微软公司这样的大公司，但是芒格认为，恰恰是这种距离上的保持，确保了伯克希尔可以在一个安全、稳定的轨道上运行和发展。虽然错过了一些大的互联网公司，但伯克希尔也在自己擅长和了解的领域内收获了很大的收益，包括投资可口可乐公司、富国银行、喜诗糖果、吉列刀片，这些能力范围内的投资为伯克希尔带来了成百上千亿美元的收益。更重要的是，这些投资原则为伯克希尔带来了一种投资文化，这是伯克希尔在过去几十年来一直稳步增长的原因，要知道自从伯克希尔公司成立以来，几乎没有遭受过什么大危机。

芒格认为，投资者的能力是有限度的，任何人都不可能面面俱到，不可能对所有行业都了如指掌，当面对一些自己不了解且无力去掌控的项目时，可能就会失去对价值的评估能力，以及对危机的判断力。比如，芒格曾说服巴菲特投资比亚迪公司，但是却对特斯拉不闻不问，大家都觉得非常疑惑，对此，芒格做出了解释：

> 王传福（比亚迪创始人）很清楚什么是自己能做到的，什么是自己做不到的。埃隆·马斯克（特斯拉创始人）以为自己无所不能。让我下注，我更愿意选择有自知之明的人。

多年来，他一直主张在能力范围内进行投资，比如，选择自己专业范围内的项目，选择有丰富投资经验的项目。而所谓的能力范围，其实可以转化成一些更直接的问题：

——必须对自己所投资的企业有一个精准的估值能力，如果估不准，那就不要去尝试。

——必须对自己所投资的企业有一个大致的风险预测和评估能力，能够预防。

——当投资遭遇挫折的时候，必须有应对风险和解决问题的能力，否则不要投资。

需要注意的是，投资者的能力往往不会是单一的，在不同的专业和项目上，会有不同的能力体现，因此，人们可以给自己制定一张能力卡，首先列举出自己擅长的事情，之后对所有擅长的事情进行分级，看看自己最擅长什么项目，什么项目次之，什么项目排在最后，从而为投资项目做出合理选择。还有一点很重要，就是每一个项目的选择都必须设定相应的分值，最擅长的可以打9.5分或者10分，专家和经营级别的可以打9分，优秀的打8分，能力突出的为7分，一般水平的则为6分，有过经验但明显不合格的则是5分及以下。设定一个分值计算系统，能够帮助投资者更直观地进行自我定位，真正找到能力范围内的合适项目。

主动远离那些难以解决的问题

"伯克希尔·哈撒韦最开始的生意是什么？濒临倒闭的百货商店、穷途末路的新英格兰纺织公司、没有前途的印花票公司，伯克希尔·哈撒韦一直都在经营这些烂生意。不过我们购买这些公司的时候只花了很少的钱，而且我们把一手烂牌打得很出色。最后伯克希尔之所以可以取得成功，原因在于，我们选择了其他的经营模式和发展道路，开始做一些更好的生意。从这一方面来说，我们能成功，并不是因为我们善于解决难题，而是因为我们非常善于远离难题，很多时候，我们只做那些相对简单的事情。"

2019年致股东的信

1987年，在巴菲特的坚持下，伯克希尔公司花费7亿美元投资了所罗门兄弟公司，在当时，这是伯克希尔成立以来最大的一笔投资，由此可见，巴菲特对这家公司有多么看好。可是仅仅过了3个月，所罗门兄弟公

司就遭遇了重大的危机，股价开始大跌，公司不得不选择裁员，并且直接撤掉了很多不挣钱的业务。

可是情况还在继续恶化，由于裁员和关闭某些业务直接影响到了客户关系，股价仍旧不断下跌。为了止住颓势，所罗门兄弟公司的薪酬委员会提出了员工行使股票期权的议案，这显然直接影响到了伯克希尔公司股东的利益，巴菲特为此感到震怒。他当时产生了两个念想：第一个就是直接卖掉手里的股票，虽然亏损不少，但至少再也不会受到牵连，可是巴菲特不希望就此放弃，他觉得事情肯定还有转机；第二个就是干脆动用自己的权力，更换现任CEO。这个想法也很快被他否决了，因为他投资所罗门兄弟公司的一个理由就是因为看好CEO的为人，而且两人的关系一直都不错。

眼看着两个选项都不满意，他只能做出妥协，统一内部继续进行裁员，可是由于控制不当，整个公司开始显露混乱，CEO也开始失去了实际的控制权，大量腐败行为开始出现。不久之后，美国证券交易委员会和美国国防部发现所罗门兄弟公司内部一名骨干人员，趁着公司混乱无人管理的局面，直接着手操控国债市场，并导致很多企业破产。美国证券交易委员会和美国国防部在着手调查这个案子的时候，发现这只是冰山一角，所罗门兄弟公司内部的黑幕和腐败远超想象，更多的金融丑闻被挖掘出来，这让所罗门公司陷入舆论风暴。

为了拯救所罗门兄弟公司，公司的董事会直接推举巴菲特接任董事长的职务，这样就可以依靠他的个人能力以及社会影响力来淡化这些丑闻，至少可以稳住公司的业绩。很明显，面对如此大的问题，即便是巴菲特也感到无能为力。芒格在得知这件事之后，立即打电话给巴菲特，劝说他卖掉股票，直接退出，最多就是亏掉7亿美元而已。巴菲特有些犹豫不决，芒格不得不再次劝说，在他看来，如果巴菲特盲目担任董事长一职，很有可能会导致个人的声誉以及伯克希尔公司的利益受到更大的影响。毕竟在美国，这一类金融丑闻会受到严格的审查和处分，一旦坐实了罪名，巴菲特和伯克希尔就会被拖下水，甚至遭遇灭顶之灾。

巴菲特有些不甘心，这让芒格感到沮丧和失望，事实证明了芒格是对的，在面对这样重大的危机时，巴菲特才感觉到自己的渺小。虽然自己在美国颇负盛名，但美国司法部和财政部也并不打算放过这家公司，他们准备借机敲打和警告那些不守本分的资本家，并且制定了一条禁令，只要禁令生效，那么等到伦敦股市和东京股市开盘时，所罗门兄弟公司就会直接破产。不过巴菲特其实也在赌，他知道政府尤其是财政部并不希望让所罗门兄弟公司倒闭，毕竟这会直接冲击美国的整个金融体系，巴菲特猜测他们只是想让自己入局，依靠自己的财富来稳住局面。虽然在最后的博弈中，巴菲特以自己还在考虑要不要出任董事长一职给财政部施加压力，但如果不是苏联解体的新闻冲淡了所罗门兄弟公司的金融丑闻，巴菲特和伯克希尔公司绝对是在劫难逃。

这一次的事件让巴菲特感到后怕和后悔，虽然事情最后得到了控制，但风险太大了，一旦出现了差错，整个伯克希尔都会面临巨大的亏损和冲击。他在之后多次强调自己应该听从芒格的劝阻，而芒格对巴菲特的这一次冒险行为罕见地提出批评，他认为，巴菲特的行为违反了安全投资的法则，他曾数次强调了风险评估的重要性：投资者在投资的时候，必须对潜在的风险进行评估，当风险很大，情况很复杂的时候，逃避可能比解决问题更加重要。

不逃避困难并想办法克服它们，一直以来都是考验个人意志力的一个方式，所以迎难而上往往会被当成一种美德。无论是企业经营者，还是科学研究人员，都需要具备这种抗逆能力。但在投资中情况有时候并非如此，对于投资者来说，如何保证利润的最大化虽然是最终的目标，但如何更安全地保证自己的资金不会损失则是一个基本前提，投资者通常都需要对潜在的风险和收益进行评估，当风险太大且难以控制的时候，潜在损失也就越明显，他们就越是应该想办法放弃这个项目或者业务。

诺贝尔经济学奖心理学家卡尼曼曾经提出了前景理论，这是风险决策的一个重要思维模型，主要用于描述和预测人们在面临风险决策过程中的行为。整个理论的分析框架包含了三个特征：第一，大多数人在面临获得时采取风险规避的策略，比如，很多人在面对确定的收益和"赌一把更大的收益"时，多数人会选择已经确定的收益，即确定效应；第二，大多数人在面临损失时具有风险偏爱的态度，比如，在确定的损失和"赌一把"可能存在的损失时，多数人会选择"赌一把"，这是反射效应；第三，人们面临损失时比面临获得时更敏感，比如，当人们捡到100元时，获得的快乐无法抵消丢失100元所带来的痛苦。还有一点就是参照依赖效应，即人们对于得失的判断往往依据参照对象来决定。比如，某人的年收入为5万元，邻居的年收入为4万元，这个时候他的满足感要比"自己年收入7万元，而邻居年收入8万元"时更大。

这些特征和相应的效应基本上都体现出了一个问题，那就是多数人对于损失的重视要高于获得，正因为担心失去，人们会更加慎重地看待风险决策，芒格非常认同这个理论，并且将其运用到投资风险控制当中。所以当面对一些较大的风险或者自己没有把握解决的难题时，人们不要总是关注那些可获得的收益，而要想办法计算出那些可能造成的巨大损失，通过分析和对比，投资者可以做出更为合理的决策，以免落入陷阱。

找出失败的原因，避免犯下大错

"这本身就是一个不断思考的过程，而无论做什么投资，其实都是不断完善自身思维体系而已。我非常看重通过实践来验证自己想法的对错，并通过以此获得的反馈来修正自己的想法。这就是我一直都觉得《穷查理宝典》很重要的原因，因为它能够为人们自发学习提供动力，而不是在学校里听老师授课。事实上，我还产生了一些额外的想法，它们是我总结出来的两种非常实用的学习方法：第一种方法是挖掘出那些有效的方法和经验，然后复制它们；第二种方法是发现那些无效的方法和经验，然后尽量规避它们。一般情况下，我会同时使用这两种方法来分析问题，而第二种方法是我更加看重的。在一生中，我花费的绝大部分时间，都用在了研究什么样的事情会导致自己的失败上，并且想尽办法避免它们的出现。"

2019年致股东的信

芒格在某次演说中曾谈到了美国知名主持人约翰尼·卡森的一个重

要观点。卡森说，他无法告知毕业生该如何获得快乐，但完全可以用个人经验来告诉毕业生如何才能变得痛苦。卡森于是给出了导致痛苦的三样东西：一是改变情绪或知觉的药物；二是嫉妒心理；三是怨恨。卡森的基本思路是，逆向思考一个问题，通过思考如何不做×来研究如何创造×。

这种逆向思维是芒格非常认同和看重的，他曾在致股东的信中这样说道：

"我想知道自己将会死在哪一个地方，那么我将永远不会去那个地方。"

在逆向思维中，芒格的思考模式和行为举止就显得有些与众不同，相比于其他人所看重的"需要做点什么来实现个人目标"，他更倾向于了解"想要达到个人目标就要避免去做什么"。最典型的一个例子就是，当多数人都在研究如何变得聪明，如何掌握成功之道的时候，芒格坚守的原则很简单，那就是尽量不要犯错，不要去做一些傻事，他的口头禅就是"不犯傻就是最大的聪明""知道自己不知道什么，比聪明更加有用"。

他研究过美国的大部分大公司，研究过华尔街的那些投资人，研究过美国企业的商业逻辑，也研究过美国的历史和政治，并因此阅读了数百部人物传记，在所有的研究中，他意识到很多的失败都是由一些常规的错误操作引发的，而人们经常会忽略这些错误，相比于让自己变得更加聪明，或者用一些更聪明的技巧来赢得机会，找出常犯的错误显然更容易让自己避免陷入失败和灾难。在他看来，从他人的失败中吸取经验教训是更加高效的学习方法之一，可以让自己免受很多痛苦。

作为一个成功的投资者，他却实实在在是一个失败案例的研究者。在他研究的诸多投资案例中，更加倾向于搜寻那些失败的投资，即便是那些出色的投资人和伟大的企业家，他也会重点关注他们曾经犯下的错误以及经历的失败，所以他的笔记本上大都是一些关于失败和错误的记录，以及导致这些错误和失败的原因。事实上，他本人也将这些笔记称作"痛苦生活的处方"，这些"处方"中，涉及了妒忌心理、自大心理、意志薄弱、鲁莽和盲目、缺乏诚信、不够专注、怨恨、偏见，滥用药物、酒精和毒品等诸多要素。

在芒格看来，一个人的成功固然值得钦佩，但多数时候成功模式是难以复制的，因为每个人面临的处境并不一样，个人的能力、资源、精力以及性格都不一样，别人或许可以在某种环境和资源下获得成功，可以依赖某种模式把握机会，但对于其他人而言就不太适合，所以与其浪费更多时间在研究他人成功的经验上，还不如看一看别人是因为什么而失败的，看看别人因为做错了什么而错失机会。

在公司内部，芒格就是那个令人"扫兴"的案例专家，在其他人谈论如何吸取成功经验的时候，芒格更加关注的是，公司内的合伙人将会犯下什么错误，可能会以什么错误的方式遭受失败，有时候听上去并不那么令人愉快，尤其是当一群人都在斗志昂扬地憧憬未来和制定美好蓝图的时候，芒格的"痛苦生活的处方"的确显得有些另类。

伯克希尔公司每次制订一项投资计划的时候，都会进行内部的讨论，其中，一些较小的投资，基本上可以让合伙人自己去做出决策，但是在一些相对重要的问题上，巴菲特会亲自进行审核与决断。而芒格就是巴菲特的秘密武器，他是巴菲特仰仗的最后一个审核者，而每次负责最后把关的芒格，大都会找出一大堆可能失败的理由、可能犯下的错误，以及潜在的风险，他会综合这些问题进行分析，做出是否值得投资的判断，同时为接下来的投资制定更安全的行事准则。

比如，在2003年的股东大会上，芒格和巴菲特就谈到了保险业务的风险，两个人谈到了盖可保险公司在1981年到1983年，其商业保险和产品责任险方面只承保了区区7.2万美元。可是保单之后的赔偿导致的再保险公司无法收回的应收款项却高达9400万美元，这样的损失几乎是公司资本净值的130000%。芒格认为，任何一个愚蠢的行为都会直接摧毁整个保险公司，因此，公司有理由提前避免这些愚蠢行为。

在家庭教育方面同样如此，同一些正襟危坐鼓励孩子们去模仿和学习那些社会精英的家长相比，芒格更加习惯于同孩子们谈论那些遭受失败的反面案例。他讲述的很多故事都充满了失败的、错误的、悲惨的，甚至是令人恐惧的元素，孩子们拥有自己的想法，拥有热情和美好的愿景，也乐于表现自己的聪明才智，但芒格传递给他们的原则就是：不要做那些很愚蠢的错事。

通常情况下，人们都讨厌谈论失败，讨厌谈论那些错误，但就个人和企业发展的过程来说，错误和失败不可避免，人们必须打破常规，不要一味沉浸在那些美好的愿景和幻想当中，相比于找到聪明的方法，避免犯错才是一个更为可行的方法。在思考和分析之后，芒格还会将那些失败的原因列出来，列出一个清单，然后进行检查，为自己做出正确的决策提供参考，并且尽可能避免做出重大错误的决策。

在有鱼的地方捕鱼

"如果你知道自己最应该去哪个猎场狩猎，绝对会有不错的收获。一个显而易见的情况是，在那些更容易捕获猎物的地方，我们大都可以做得更好。我的一个朋友是个渔夫，他说：'我有一个简单的捕鱼成功法则：去有鱼的地方捕捞。'所以对任何人来说，肯定也想去有市场的地方寻求机会，这个道理非常简单。如果一个人所在的地方很难钓到鱼，那么最好的方法就是换一个地方钓鱼。"

2020年致股东的信

在投资的时候，很多人往往可以很快找到不错的投资项目，而有的人找来找去也找不到非常合适的项目，即便这些人的投资能力非常不错，而且拥有独特的分析和判断能力，但仍旧很难找到合适的投资标的。一些人将其归结于运气问题，但实际上从投资的过程来看，很多时候，投资者处于一无所获的状态，可能是因为找错了地方。

芒格认为，投资者想要把握机会，个人的耐心、能力、资源、运气都很重要，但一个最基本的原则是，他们必须先找到一个拥有更多好机会的"鱼塘"，只有在那些"有鱼的鱼塘"里"钓鱼"和"捕鱼"才能有所收获。当他们找到一个空荡荡的"大鱼塘"时，即便"捕捞"和"垂钓技术"再高超，也不可能有任何的收获。简单来说，在一个没有什么投资潜力的行业或者区域内，个人再怎么努力，往往也是徒劳。

在芒格的理论中，所谓的"有鱼的地方"往往是指一些投资机会更大的行业。比如，这几年，全世界的医药行业都表现出了良好的发展趋势，芒格也对医药行业展现出了很大的兴趣，在他看来，医药行业的未来更容易进行预测，而且大部分医药行业的公司都拥有很好的发展空间，而且有不少企业利润惊人。他和巴菲特曾经以合理的价格购入不少医药公司，并形成了一个投资组合，目前来看，这个组合的表现非常不错。国内也是如此，医药行业的投资比其他行业的投资更加清晰，投资者可以找到更加安全的标的。

最近几年，白酒行业同样出现了很多好的投资机会，它们拥有良好的商业模式，其中，一些甚至拥有定价权。就像茅台一样，作为中国知名度最高的高端白酒之一，它的投资空间比较大，而且过去很长一段时间内都在涨价，但仍旧深受市场的欢迎。对于投资者来说，如果提前在白酒行业内布局，那么就可以挖掘到更多的好机会。

行业属性在投资过程中往往具有很强的指导性。事实上在最初投资的时候，所要筛选的第一层就是行业属性的筛查，然后在行业内进行二次筛查，这是一个合理的流程。比如，最近几年，国内一些新兴产业题材股值得重点进行追踪和关注，类似于新能源和科技公司可以进行观察。又比如，一些优质地产股同样值得关注，尤其是一线城市地产股，虽然国家的调控正在加码，但是一线城市的某些地产股仍旧有投资空间。很多不错的行业中，可以重点关注那些超跌低价股、小盘成长股，它们也渐渐展示出了投资的潜力。对于这些"有鱼"的企业，往往涨了又涨，而那些"没有鱼"的企业始终不温不火，很少主动上涨，甚至长时间停滞不前。

除了指代行业，"有鱼的地方"还包括一些拥有更多投资及机会的地区，这里强调的地区往往和产业结构的完善、产业的兴盛，以及良好的投资环境息息相关。比如，这些年芒格加大了对中国的投资，他认为，中国比美国拥有更好的投资环境，中国拥有很多具备发展潜力的优质企业。他对于中国改革开放以来保持高速发展的速度感到惊叹，并认为这是世界上的一个奇迹，因为从来没有一个大国可以在几十年时间里都保持这样惊人的发展速度，也没有一个大国可以在几十年时间里都保持这样的成功状态。

在2019年，芒格非常骄傲地对股东们说道：

你说除了中国？其实，偌大一个世界，只要找到一个好地方就已经足够了，这世界肯定还有其他"鱼"很多的地方，但我觉得，对于整个芒格家族来说，应该没有比中国更好的投资地方了。对于哪里还可以投资的问题，我帮不了你，我已经解决了自己的问题，至于你的问题，只能靠你自己了。顺便说一句，中国的"水"可以。有些聪明人已经蹚进去了。时候到了，更多人会进场。中国的好公司比美国的好公司便宜。

芒格投资的很多企业本身就在中国做生意，包括苹果公司和可口可乐公司，同时，芒格在中国也有很多不错的投资，包括比亚迪公司。此外，芒格有一位非常出色的中国合伙投资人李录，李录成立了一家小型私募股权公司，主要负责中国市场的投资，芒格对李录的操作非常满意，也很有信心。芒格非常庆幸自己提前在中国进行了投资，并且还会不断增加投资额，他不希望自己错过中国经济高速发展的投资红利。

无论是行业属性的分析，还是地域特色和环境的分析，在"有鱼"的地方"捕鱼"都体现出了芒格对投资本质的精准把握，多年来，他和巴菲特一直都在努力寻找"鱼多的鱼塘"，尽管看起来很困难，但是他始终都在为之努力。

那么如何才能选择"有鱼的地方"呢？

拥有良好的发展环境：包括国家政策、产业环境、企业内部的经营管理环境。

拥有良好的商业模式：具有可观的盈利，拥有稳定的市场，持续为消费者和客户创造价值，拥有丰富的资源和巨大的竞争优势，能够让复杂的事情变得更加简单。

一般来说，当行业或者区域内的企业具备以上几个特征时，就可以将其认定为一个不错的"鱼塘"，虽然还要参照行业和区域内的相关公司的具体情况，但是找到一个大致的方向，仍旧可以有效地减少工作量，帮助投资者更好地锁定一些好的标的。

不值得做的事情就不要去做

"如果一件事根本不值得去做，那么就一定不值得把它做好。在现代资产配置理论中，资产配置日益受到重视，但伯克希尔公司根本不喜欢这个理论，也不打算进行资产配置。"

2005年致股东的信

心理学上有一个著名的不值得定律，简单来说，就是人们一旦认为某一件事不值得做，那么就认为这件事不值得做好。这个定律实际上体现出了很多人的行为倾向和选择模式。换句话说，人们在做事的时候，往往不是毫无动机和目的的，也不是毫无选择的，任何事情的出现都是个人选择的结果，任何事情被排斥也是个人选择的结果。虽然很多人同样会重点选择个人的兴趣爱好和专业项目，但是和这两者不同的是，不值得定律背后所思考的往往是投入与回报之间的对比。当投入的成本大于收益时，或者回报期限太长，会产生大量机会成本，人们通常就会认

为这件事不值得去做，更不值得去做好。

比如，有的人打算投资100万元建厂，可是得知每年的收益只有5万元，就会失去投资的兴趣，认为这笔投资不值得去做，因为自己投资其他项目可能每年会产生10万元以上的收益。又比如，有的人准备进入股市，虽然潜在的收益会非常惊人，但是风险也很惊人，一旦操作不当，可能就会血本无归，这种风险已经超出了自己能够控制和承受的范围，因此，不值得为了收益去冒险。

芒格多年来一直都坚持按照这个定律做事，规范自己的投资行为，明确自己的投资界限，确保将风险控制在自己能够承受的范围内。比如，收益太低或者明显低于成本投入的投资，自己不会去做；成功的概率不高，且风险太大，这种不值得冒险的事情不要去做；自己不了解也不熟悉的投资不值得去做；损害他人利益，甚至是违背道德法则和法律法规的投资不值得去做；一些短期内具有可观收益，但是缺乏长远发展空间的项目往往不值得去做，至少不值得去做好。如果对芒格所选择的那些不值得去做的事情进行分析，就会发现，他的投资选项基本上停留在安全投资的范畴内，只有那些看起来更加安全、可靠的投资，才会让芒格产生兴趣。

值得或者不值得往往更多地倾向于个人的主观感受，当个人认为某件事不值得做时，就会忽略"做这件事客观上所带来的好处"，人们可能会忽略客观现实来做出选择，而芒格则尽量避免自己被狭隘的主观主义捆绑，凡事始终坚持从客观角度进行分析，然后结合主观上的分析，最终做出判断。在很多时候，如果不参照客观事实，个人的主观想法、主观印象、个人经验就容易出现错误。很多投资者往往会主观地认为某项投资不值得，不能够给自己带来预期的收益，但事实上，这些企业可能潜力巨大，回报率惊人。

就像芒格做出房地产不值得投资的观点一样，很多人抨击芒格的观点是有意针对房地产，毕竟有很多人可以在地产中实现惊人的回报。但事实上，绝大多数人都无法经营好地产项目，都无法在地产中盈利，至于芒格本人更加不擅长地产投资，他在提出这些观点的时候，对于地产市场已经进行过详细的调查和分析，绝对不是信口开河。同样，有的项目可能主观上觉得非常适合投资，人们甚至依据过往的经验做出判断，可是从现实角度出发，这可能是一个百里挑一的优质项目。

有很多人都觉得芒格提出来的不值得投资的清单是过于保守的体现，可是如果考虑到个人的能力、时间和知识，那么人们不可能在所有行业都做得很好，这就要求投资者必须懂得进行合理的取舍，这是高效投资的关键。很多人无论什么行业和项目都想要投资，以致经常做一些不适合、不值得的投资，影响了资金的有效利用。

对于芒格来说，不值得定律更像是一个基本的投资原则，所以他也一直希望更多的投资者可以遵循这个原则，寻找到属于自己的投资界限。投资者可以依据经验做出基本的判断和分析，列出一个值得去做以及不值得去做的清单，分别列出值得去做的理由以及不值得去做的理由。这份清单并不是绝对固定不变的，人们可以随着时间的推移和个人的成长及时做出调整。

在值得去做的事情上可以列出以下几种：

——值得专注在那些自己最擅长、最有把握的投资上。

——值得挑战一下自己感兴趣且回报可观的项目。

——值得投资自己信任的优秀管理者。

——值得为一些罕见的投资良机适度冒险。

——有些不会起到关键作用的事情，值得做，但不值得做好。

在不值得去做的事情上可以列出以下几种：

——自己不擅长也不了解的投资不值得投资，或者不值得做得更好。

——存在欺诈行为的项目不值得投资。

——那些缺乏长期发展空间和盈利空间的项目不值得投资。

——那些回报很低的项目不值得投资。

——那些很琐碎且无关紧要的事情不值得做。

——那些有道德品质问题的管理者所经营的项目不值得投资。

——当两件或多件重要的事情同时出现时，只能挑选最重要的那件，其他的不值得去做。

投资者在遇到投资选择时，可以将自己所面临的问题与清单进行对照，看看该项目是符合值得投资的清单，还是符合不值得投资的项目清单。人们可以不断丰富和完善自己的清单，并且适当进行调整，以便找到最适合自己投资的项目，并且有效控制风险。

第六章

保持高效的思维模式，做出合理的决策

保持简单的投资理念，避免复杂化

"我们热衷于保持简单。"

2002年致股东的信

追求简单，一直是伯克希尔公司强调的原则。简单的管理模式，简单的沟通模式，简单的团队运作模式，这些都让伯克希尔成了一家高效的公司。作为这家公司的掌控者，巴菲特也是一个极简主义者，就像他办公室的装修一样：一切从简，能省就省。在说话的时候，巴菲特也是尽量保持言简意赅，很少说废话。

相比于巴菲特，芒格在追求简化方面似乎做得更加极致，他总是能够以最简单的方式将事情描述清楚。在某次宴会上，邻座一位漂亮的女士让芒格用一个词来总结他的成功，芒格给出的答案是"理性"。而这里谈到的"理性"并不是人们所熟知的克制和理智，而是一种独到的眼光和敏锐而深邃的洞察力，即便是在一些复杂的、陌生的领域，他也能在短时间内看透事物的本质。巴菲特将芒格的这种能力定义为"两分钟效应"。简单来说，就是芒格总是能够在短时间内将一个复杂商业的本质说清楚。

芒格对简单化有着自己的理解："将复杂的问题简单化，把相关问题拆成一个个单个的构件，不过要从整体上分析问题。"在他看来，简单化意味着删除无关紧要的旁枝末节，意味着剔除那些不重要的因子，意味着清除大脑中那些愚蠢的念头，人们只需要从全局出发，把握规律和本质即可。

比如，巴菲特将企业内在价值定义为企业在剩余存续期内可取的现金流折现值，但这个折现值计算起来非常复杂，不确定的因子很多，准确率无法得到保证。芒格认为，很多人会大量使用电子表格和稀奇古怪的数学计算进行分析，但这些往往只会营造出精确的假象，并直接导致投资者做出错误的决策，芒格没见过巴菲特使用计算器来计算未来现金流折现。

有人曾做出假设，如果巴菲特在商学院教书，那么他的授课内容肯定会变得非常简单：第一，如何判断企业的价值；第二，如何看待市场波动——市场是用来服务自己，而不是影响自己的。道理往往就是这么简单，只不过很多大学教授喜欢把大量时间浪费在讲解那些复杂的公式上。

事实上，巴菲特拥有一套简化版的现金流量折现估值方法，即存款利率比较法。所谓存款利率比较法，是指将企业估值方法与存款利率进行比较，人们会购买股息更高的股票，就像把钱存在利率更高的银行一样，股票的每股自由现金流量就等同于利息，而每股自由现金流量除以股价就等于利息率。按照这个方法,巴菲特制定了一个最低的折现率标准,那就是任何公司的折现率不能低于长期国债利率。通常情况下,巴菲特会找到一个合理的预测区间,用预测区间的下限进行预测和评估。假设一家公司未来10年自由现金流的估值是7000万~8500万元,那么计算的时候就以7000万元为准,以此来抵销未来不确定性造成的偏差。

芒格并不认为未来现金流折现会是多么精准的算法,而这种简化的算法已经非常不错了。不过,相比之下,芒格比巴菲特更加简单,只要涉及对企业现金折现的问题,他就会将其纳入"太难"的归类当中,他更加喜欢那种一眼就可以看出有价值的公司。就像一个人打算花费1000万元购入一只月入20万元的股票,他觉得这是一个好生意,因为5年时间就可以回本。如果需要花费5000万元,那么其中会涉及20年的折现问题,芒格就会直接放弃,因为计算折现本身就太难了。

他始终认为,投资做生意其实不需要多么高深的数学知识。要是一个投资者精通高深的数学,有时候并不是什么好事,反而容易成为一个劣势,所以他一直在忠告投资者不要将问题复杂化,不要被那些复杂烦琐的数学公式困扰,不要试图寻找一些复杂的分析模型,更不要过分追究每个公司的细节信息,只需要保持思维方式的简化,只需要遵循最基本的投资原则和逻辑,就可以更好地进行投资。芒格一直喜欢那些业务简单的公司,那些商业模式更加简单的公司在分析和估值的时候,往往更加容易,投资者可以看得更透彻一些,将焦点放在持续发展的核心动力上。这也是为什么他和芒格常常会在估值上产生巨大分歧,他很少依靠数字计算来制定标准,而是采用一种艺术化的形式。

简化分析和估值的方式只是芒格追求简单的一种模式,在具体的执行上，芒格和巴菲特也同样喜欢简化流程。据说当两个人将某件事想明白之后，就会在5分钟内做出决定，而不是选择一拖再拖，这样的作风让很多合作伙伴非常满意，也赢得了他们的信任。

比如，玛氏集团在选择加入伯克希尔时，整个过程就设置得非常简单顺畅，中间也没有遇到什么其他的阻碍。很多人对此感到不理解，认为玛氏集团的管理者太过于草率了，但实际上他们比谁都了解伯克希尔公司的办事风格。伯克希尔在这类收购或者合作事件上很少雇用律师，而且基本上都可以把账目弄得清清楚楚，既然一切都那么简单，那么自己为什么不选择以更加简单的方式来完成所有事情呢？

伯克希尔拥有几十万的员工，掌控着几千亿美元的资产，如果没有一个简化的方式进行管理，往往会出现各种大企业病，而简化的经营管理模式可以最大化保证效率。正因为如此，芒格一直希望投资者可以保持简单的投资模式，选择简化的分析方法和估值方法，使用一些简单的投资理念，关注那些业务简单的标的公司。而想要做到这些，不仅需要丰富的投资经验，还要具备更多的知识储备，这样方便更好地抓住事物的本质。

构建多元化的思维模型

"人们应该对各门学科的相关思维都有所理解,并且应该尝试着将它们应用到实践当中——所有的思维,而不是其中的某几个。大部分人其实都擅长使用某个单一的思维模型,就像经济学模型一样,他们试图依赖这个模型去解决所有遇到的问题。而这样的做法其实正好应了那一句老话:'对那些拿锤子的木匠来说,即便看书上的字也会觉得它们像钉子。'这样的做事方法往往非常愚蠢。"

2000年致股东的信

"单一思考模式是许多投资灾难产生的根源",这是芒格对投资失败的重要理解。在他看来,很多人之所以经常会做出一些糟糕的投资,甚至是一些明显就不合时宜的投资,主要原因在于个人将投资看得太简单、太轻松,常常固执且惯性地使用一种单一的思考模式来解决问题,结果只能片面认识到某一方面的内容,而无法看清全局,正是这些疏漏会导致投资的失败。

比如，很多人一心想着通过精确的数学计算来估算企业的价值，而没有考虑过其他的方法。定性分析，概率研究和统筹安排，结果常常会忽略掉那些真正有价值的企业，而选择一些价值不高的标的。有的人只看重分析某一类企业、某一行业的历史发展情况，并试图通过历史规律来推演未来的成功，而没有认真思考过心理学、物理学、法学、哲学等多个学科的知识。思考模式的单一化，往往体现为知识结构的单一化，单一的知识导致单一的思维模式，因此，芒格一直主张要建立多元化的思维模式，而前提就是构建多元化的知识架构。

芒格很早就展示出了过人的学习天赋。在大学时代，他先后前往四所大学上学，而且是在不同的专业领域学习，接触了数学、物理学、自然和工程学、热力学、气象学、法学等数个学科的知识。有趣的是，芒格似乎只是为了学习而学习，并不在乎学位，在前三所大学内，他并没有拿到学士学位。后来进入哈佛法学院学习，他才拿了学士学位，而当时他在300多位毕业生中，是成绩排名前12的优等生。

丰富的学习经历以及跨学科的学习经验，让他对各门学科都有所涉猎，这也为他思维模型理论的形成奠定了基础。但芒格对于多元化思维的重视，还是在工作和投资中逐步形成的。作为一个思考者，芒格意识到了自己在投资方面的不足，考虑到自己并不是专业领域的投资者，这个问题在他看来更加严峻，何况芒格更多地着眼于整个生活架构，而并非仅仅是为了投资。当然，从实际情况来说，任何人都存在芒格所说的投资缺陷，因为即便是再专业的投资者也免不了存在知识上的不足，没有人对所有行业都了如指掌，也没有谁可以掌控所有相关的生活知识。

总而言之，芒格对于投资的理解实际上拓展到了生活的各个领域，他也非常重视从生活各个方面吸收不同的知识，构建不同的思维模型。

人们必须通过努力学习，来掌握更多关于股票市场、金融学、经济学方面的知识，并且要避免孤立地看待这些知识。事实上，它们几乎又包含了心理学、工程学、数学、物理学的知识。如果人们愿意打开视角，就会发现不同学科之间的相互交叉特性，不同学科之间具有相互作用，相互补充和加强的特性。只有那些勤于思考和分析的人，才能够从每个学科中总结出其独特的思维模式，把握其内在的联系，并在不同思维模式的结合中做到融会贯通。

芒格认为，世间万物都是相互作用的，人们需要接触多学科的知识，把这些知识整合起来分析，然后贯穿在一个思想框架中，这样才能获得正确的认知和决策。所以他提出了一个有名的格栅模型，他认为每个人的头脑中或多或少都有一些思维方式，他们要做的就是按照自己直接和间接的经验将其安置在格栅模型中。简单来说，这个格栅是相通的，人们可以在里面找到不同思维模式之间原有的关联性，从而方便自己进行决策引导。

比如，很多投资者都会过分看重技术投资，喜欢动不动就用K线图来分析股市行情，时不时计算公司的市盈率、净资产收益率或者股权收益率，有的人还痴迷于复杂的数学计算和数字分析。但芒格认为，市场分析和经济学建模本身就没有绝对的结果，反而是一些模糊分析，其效果往往要比精确计算更好。而且相比于那些技术流的操作，他更加关注心理学，也希望有更多的投资者可以学习心理学，并将其与其他学科的知识融合起来应用。他甚至觉得心理学是不可或缺的知识，学习的人不仅需要了解那些简单的行为习惯，还要善于将心理学内容和其他知识点结合起来。

芒格的想法很简单，宏观的经济学本身就难以把握，受到的制约因素和影响因素太多，反而是一些反映个人行为的微观经济学和心理学知识更加有现实指导意义。比如，芒格曾对罗伯特·西奥迪尼的《影响力》一书非常痴迷，甚至在多个场合进行称赞，为了表达自己的敬意，他干脆直接赠送西奥迪尼一股伯克希尔公司的股票。

需要注意的是，芒格并不认为投资者需要掌握所有的知识，这本身就不现实，他只是建议投资者要开放自己的思维，接触更多的知识，并想办法构建更多的思维模式，这些往往意味着更多的维度和视角，确保自己在看待问题的时候，可以做到更加立体，更加包容，更加合理。普通的投资者，每天可以单独拿出一小时的时间用来阅读和学习，并且每天最好选择不同的学科学习；接着将重要知识点记录下来，然后每周或者每个月对不同的知识进行整合，思考一下内在的关联性；最后可以尝试着用不同的知识来分析问题、解决问题，构建属于自己的思维模型。而这一个流程需要长期坚持下去，才有可能慢慢产生效果。

遇事多问几个为什么，深入挖掘信息

> "人们一定要拥有打破砂锅问到底的求知欲，只有怀着追求真理的心态，长期坚持下去，日复一日、年复一年，人们才可以在不断地探求中完善自己，逐步做到实事求是。如果没有这样的心态，一个人的智商即便再高也都会遭遇必然的失败。"
>
> ——2002年致股东的信

谈到问题的时候，很多人只是单纯地认为它不过是一个信息突破口，人们似乎想要提问时就可以随时提问。其实在日常生活中，人们所遭遇的问题主要是指个人所做事情取得的结果与所期望获得的目标之间的差距，正是这种差距的存在预示着问题的存在，导致问题的发生。在这个差距中，现实取得的不如意的结果称为非期望结果，渴望实现的目标称为期望结果，而人们对于非期望结果的排斥，对期望结果的热衷，这一特质成了制造矛盾和问题的关键。遇到问题时，应该多问一些为什么，挖掘原因，找出潜藏的破坏因子。

从某种意义上来说，问题是推动内部探索和研究的重要因素，因此，很多企业在实施内部决议之前会通过提问的方式进行探讨，因为只有提问题才能看到哪里存在漏洞和不足，才能知道有哪些值得进一步完善。对于个人而言，同样可以不断给自己提问，这是一种思考的过程，也是自我探究和完善的法门，人们可以通过更多的"为什么"来完善自己做事的动机、依据、方法和目标。

有人曾列过芒格的一份清单，里面包含了芒格每次思考时产生的问题，其平均数为492个。这些问题非常多，而且非常广，比如，在思考某个问题时，会深入进行挖掘，自己了解事情的全貌吗？自己的判断是否比别人更加合理？别人会如何做出判断？不同的判断代表了什么立场？自己是否存在偏见？是否需要当机立断？如何检验自己的思考是错误的？如果判断和假设出现了错误，结果会怎样？是否遗漏了什么重要的要素？过程是否会出现意外和变故？意外是否会对自己造成什么严重影响？整个项目中是否存在规则？规则是否会对自己产生影响？如何利用好这些规则？我如何完成目标？完成目标的指标是什么？达到目标后会带来什么？通过哪些要素的组合可以达到目标？是否会出现自己不想见到的结果？为什么会出现这样的结果？我应该如何进行规避？哪些是内部因素，哪些是外部因素？未知的变量有哪些？哪些是关键性变量？有什么方法可以帮助自己评估这些变量？有没有替代性的方案？

了解更多的"为什么"主要有两个目的。第一个目的是通过更多的问题来完善信息的收集。更多的问题往往意味着更广泛和更深层的探索，意味着信息的叠加，当提出的问题和思考的问题越多时，信息就越完善，就越是容易形成一个信息资料库，从而方便人们对相关事务产生一个全局的了解。

芒格的问题涉及各个方面，但并不是毫无逻辑的。它基本上从寻找依据、寻求原因和方法、自我反省、目标追求的具体行动、价值分析等多个方面进行深入挖掘。所有的问题都是环环相扣，依靠内在逻辑进行衔接，一个问题往往可以带出几条信息和几个问题，确保信息的完整度和完善度，因此，他在搜索投资标的的时候，能够尽可能多地了解标的的信息，并且找出各种证据来支撑自己的判断和决策。

第二个目的是为了弄清楚事情的来龙去脉，通过基本的提问来了解事情发展的大致脉络和基本方向，知道事情是如何发生的，事情是如何产生变化的，事情最终将如何发展下去，将会给自己造成什么样的影响，自己又该如何规避这些影响。通过不断地挖掘，每一个信息链上的问题都可以得到完整的探索。

芒格认为，一个人如果迫切想知道事情的原委其实是一件好事。他做出预测，认为从长期来看，这种思维方式能够显著提高人们解决现实问题的能力。而那些丝毫不关心事情始末的人往往注定会失败，他们就是再聪明也无济于事。很多高智商的人反而不能在投资上获得成功，甚至会将投资搞砸，原因就在于，他们过于自信，遇事仅仅依靠个人的经验以及主观判断，而不是想办法弄清来龙去脉和内在的信息。优秀的投资者会尽可能掌握更多的信息，例如潜在的风险、事情的原因等。

在选择投资标的时，巴菲特会建议大家去了解一下当地的公司，看看哪家公司经营得不错，为什么会出现这样的情况？哪家公司破产了，为什么会破产？投资者在了解这些问题的过程中，就会慢慢在脑海中建立起一个数据库，而这个数据库最终会派上用场的。相比于巴菲特，芒格更像是一位搜索和思考问题的大师，他每天都会将大部分时间花在思考上，而有关投资的问题成了他最喜欢探索的内容，他喜欢通过对某件事的发生进行提问，以此来加深自己对现实的理解和把握。

正在发生的事情为什么发生？你需要对此抱有非常浓厚的兴趣。坚持很长一段时间，你关注现实的能力就会慢慢提高。如果你没有这样的心思，即使你有很高的智商，那你也注定失败。

芒格认为，人们想要变得更加聪明，那么就要不停地问自己："为什么？为什么？为什么？"他认为人类的大脑有着自己独特的工作系统，它本身就需要依靠思考来推动工作的高效完成。他还列举了学生学习和考试的例子：很多学生平时考试经常不及格，这个时候他们就会尝试着将所有的试题死记硬背，但下次考试时他们还是会考不及格，就是因为这些考生从来没有认真思考过自己为什么会做错题目，自己错在哪儿，应该重点加强哪一些知识点的学习。只有不断提问，多问几个为什么，学生才能自己思考出解决问题的方法，才能找到如何提高学习成绩的策略。

对于普通的投资人而言，可以从原因、动机、目标、风险控制、执行理由、操作方法等几个方面进行思考和提问。依据精益管理理论中提到的提问法则，人们在遇到事情的时候，可以先问5个"为什么"，然后真诚地往下挖掘，找出关联的问题和答案。通常来说，一个问题只需要2~3个"为什么"就可以找出自己想要的答案，而5个"为什么"就能够进行深入挖掘，即便是一些非常复杂的问题，也能够得到有效的探索。

勤于思考，积极挖掘事物的本质

"巴菲特和我都花大量的时间思考。我的日程安排并不满，我们坐下来不停地思考。某种程度上，我们看上去更像学者而不是商人。我常常安静地坐着，思考好几小时。我不介意长时间里什么事都没发生，巴菲特也是如此。"

2016年致股东的信

许多人都喜欢思考，喜欢通过思考来解决问题，但是很少有人像巴菲特和芒格一样，愿意将一天的大部分时间都花在思考问题上，这一点就连芒格本人也不否认，毕竟很少有企业家愿意像他们那样长时间思考。但在他看来，思考问题是解决问题的第一步，也是极为重要的一步，因此，他更加愿意通过思考来寻求更好的方法与策略，至于具体的执行工作，他更愿意让那些适合执行的人去做。

芒格一直都在强调自己喜欢这样的生活模式与工作模式，相比于一些经验的积累，他更加愿意通过思考来实现个人智力的成长。比如，芒格经常会强调心智复利，这个心智复利的产生其实就是因为思考，这是他探索现实和了解现实的基本方法。芒格不仅仅喜欢思考问题，而且经常会专注于思考当中。当他认真思考一件事情时，往往不会被外界的事情干扰，周围的人和事就会被他自动屏蔽掉，家人甚至认为芒格的大脑处于另一个维度上，完全和周围的环境格格不入。

对于思考的沉迷，使得芒格在生活中闹出了不少笑话。有一次巴菲特和芒格因为一些工作问题而前往所罗门公司参加会议，当会议结束后，两人没有立即驱车离开，而是在纽约大道上边走边聊。巴菲特在前面自顾自地聊着，一转身突然发现芒格不知道什么时候已经不在了。他立即打电话给芒格，这才知道，芒格在聊天的时候，脑子里一直在想着如何解决工作中的问题，结果因为突然想到了解决问题的方法而半路离开，直接打车去了机场，然后飞回伯克希尔公司，完全将巴菲特遗忘在纽约大道上。

在整个过程中，芒格沉浸在自己的思考模式当中，完全忽略了巴菲特的存在，或者说从一开始他就没有意识到巴菲特就在自己身边。对于这些，巴菲特早就习以为常，他了解芒格的脾性，所以并没有觉得有什么不妥。

不仅仅是在工作当中，即便和家人待在一起时，芒格也常常因为沉浸在某个问题的思考中而做出一些匪夷所思的行为。最令妻子担心的是，芒格在开车的时候常常因为脑子里在想其他事情而把车开到其他地方去，妻子不得不在旁边反复提醒他。孩子们在与父亲朝夕相处的生活中，慢慢掌握了规律，当他对其他人的谈话没有什么反应的时候，当他开始发呆的时候，就意味着已经在生活中开小差了。他们知道什么时候要提醒芒格水快要开了，哪里必须停车，而哪里要准备好转弯，尽管他们很多时候并不愿意干扰父亲的思考。

对于芒格来说，思考是一种生活方式和工作方式。首先，必须保持专注，只有专注的人才能集中精力去思考更多更深的东西，才能挖掘更多有价值的资讯。专注不仅仅是时间上的投入，更是内心的投入，专注思考的人能够不断深入挖掘问题，能够想办法聚焦在所思考的目标上。

其次，要注意思考的方向性，即有目的地进行思考：是为了了解选择这个标的公司发生的原因，还是为了了解怎样投资和操作的方法；是为了明确投资的流程，还是为了做出潜在的风险。有目的地进行思考，才能找到自己想要的答案。许多投资者在思考时，缺乏明确的目标，单纯为了思考而思考，甚至可能会出现混乱的目标，导致越思考越乱，效果反而不好。

再次，保证思考的多元化。简单来说，就是尽可能使用不同的方式思考问题，从不同的角度和立场切入话题进行思考，全方位的、立体的思考模式有助于人们更加透彻地挖掘高价值的信息。比如，采用正向思考和逆向思考的方式；又比如，可以进行假设和推演。

最后，思考的时候最好要保持独立的思考状态。比如，选择在一个安静的场合一个人进行思考，不会受到外界的干扰。要有独立思考和分析的能力，不要受到他人观点的影响，更不要直接被他人的想法左右，在思考中应该按照自己的理解和思路进行分析，得出一个属于自己的结论。

需要注意的是，为了确保能够养成良好的思考习惯，一定要设定一个个人的成长计划，比如：每天专门抽出一段时间进行思考，或者在空闲的时候思考所遇到的问题；将自己思考的相关问题写下来，并且对相关的思路做好记录；每天都要对自己思考出来的结果进行审核，看看哪些是合理的，哪些出了问题，哪些存在漏洞和不足；将思考得出来的结论和方法付诸实践，然后看看是否符合实际情况，是否能够产生预期的效果，是否产生了明显的偏差，通过实践，人们可以及时纠错。

不要僵化自己的思维

"沃伦和我，我们学到了很多东西。其中有很多事情是我们在10年前做的，但要是放在20年前我们肯定是不会做这些事情的。"

2017年致股东的信

芒格一直都以保守投资著称，这种保守主要体现在投资项目的框定上，即他不会轻易触碰那些自认为不了解或者无法掌控的项目。比如，在很长一段时间内，他对于互联网公司和科技公司始终保持距离，对航空、铁路、投资银行也不感兴趣，认为这些行业的风险比较大，不符合自己的投资理念。

保守的投资理念很好地控制了投资的风险，也帮助芒格积累了庞大的个人财富，但是它也在一定程度上限制了芒格商业版图的扩大，而且长此下去也会影响原有的投资收益，因为此前投资的项目可能会被市场慢慢淘汰，或者投资的企业会慢慢走下坡路，如果不能找到新的行业进行投资，那么收益会不断萎缩。所以芒格很多时候并没有因为保守而僵化自己的思维，在投资上会随着时间的变化而进行适当的变动。

芒格认为，这个社会唯一不变的就是它一直都处于不断变化之中，无论是投资环境、社会条件、证券市场都是不断变化发展的，人们需要坚持一些基本的投资原则，但必须意识到不断变化的那种趋势，就像一百年前与一百年后的变化，行业也会发生更迭，商业模式也会被取代，如果不主动去关注，不去学习新的事物，那么就无法在市场上把握机会。

所以芒格也一直都在想办法调整和改变自己，确保自己可以更好地适应不同的环境。比如，芒格和巴菲特此前一直都在反对投资铁路系统，在他们看来，铁路系统非常混乱，而且几乎没有什么利润，可是随着时代的变化和铁路系统的完善，芒格开始逐渐改变自己的看法，在2018年致股东的信中，芒格就这样说道：

> 我们的看法的确发生了改变，在过去的很长一段时间内，巴菲特与我都不看好铁路公司，因为市场上存在太多铁路公司，竞争非常激烈，整个行业规则混乱且疯狂。我想说的是，在过去75年时间里，铁路公司一直都是很糟糕的投资对象。然而，现在的世界已经大变，火车也从单层变成双层，从运输量的角度来看，整个市场也只剩下四大铁路系统，所以我们也改变了思路，开始喜欢并看好铁路投资。

如果进一步分析，就会发现，芒格的很多投资选项都不是一成不变的。他不信任银行，可是自己所在的公司却投资了数家银行；他不喜欢互联网公司，却又非常看好苹果公司。虽然投资的原则没有发生大的改变，但是他对于标的与行业的认知、选择、分析都明显发生了变化，投资银行、互联网公司、铁路系统这些以前禁止触碰的东西，正在慢慢走进芒格的投资清单中。可以说芒格虽然保守，但思维并非腐朽僵化，他在谨守原则的同时会加入一些新的认知，适当打破原有的投资格局。

首先，概率原则，芒格虽然对一些行业不感冒，但是也承认这些行业中存在一些非常好的企业，因此，他也愿意在一些自己不熟悉的行业内冒险，寻找极少数相对更加稳定、更具价值的企业。从某种意义上来说，芒格是一个挑剔的投资者，他不会轻易选中一个标的公司，也不愿意随便就错过一个优秀的标的公司。

其次，芒格也承认自己一直在试图学习新的知识，接触新的产业，他并不会僵化地、停滞地看待产业的发展，不会完全将自己局限在某些固定范畴和理念之内。随着产业的发展完善和环境的变化，芒格也会依据实际情况做出新的判断，即便这种判断有时候显得有些滞后，但仍旧体现出他主动求变的态度。

最后，芒格的背后站着伯克希尔、《每日期刊》这样的投资公司，股东们也有自己的想法和选择，芒格必须考虑他们选择的权利，并且尊重他们选择的标的，因此，当芒格不看好而股东们非常喜欢的投资标的出现时，芒格需要迁就股东的意见和建议。

无论是什么原因，芒格作为一个老派的投资者，思维还是保持开放的姿态。无论是对投资标的的选择、投资理念的改进、投资方法的摸索、投资渠道的拓展，他都展示出了一个投资大师对局势和潮流的基本估计，尽管他有时候也会出现错误，也会出现延迟，但是对于他这种级别的投资者来说非常可贵。

思维僵化是投资者的一大忌，尽管投资者需要拥有自己的原则，但完全按照原则本身就是不合理的，适当的变化不仅有助于人们挖掘新的商机，也有助于人们更好地解决投资当中遇到的困难和问题。

——用发展的眼光看待行业的进步，不要停留在过去的老印象和老思维中，对于任何出现的变化都要认真进行分析，以学习的态度去面对新出现的变化，只有去主动接触以及接纳那些变化，才能够更好地迎合时代的发展需求，并找到属于自己的新商机。

——凡事不要绝对化，不要把问题总是设定为"好或者坏"，要懂得走灰色路线，懂得变通，只有变通的人才能够保持弹性，才愿意接受新事物，而不是一味按照过去的思维进行投资。

——要选择从多个角度来分析问题，这样就可以得出不同的结论，确保自己不会片面地看待问题，更不会对一些新事物心存偏见。

还有一点，开放的思维往往离不开开放的环境，比如，开放的团队，只有在开放的环境中，人们才愿意交流，才愿意学习，并且主动去接纳新的思维模式。

每天都要获得进步

"到底是哪些重要的道理一直都在帮助我成长呢?非常幸运的是,我从小就已经掌握了一些重要的原则:如果一个人想要获得自己一直期待的某样东西,那么最可靠的做法就是想办法让自己配得上它。"

2019年致股东的信

心理学上有一个著名的公式,1的365次方等于1,但是1.01的365次方约等于37.78,而0.99的365次方约等于0.025。按照公式所示,人们需要重视每天的变化,即便这个变化是0.01,随着时间的增加也会形成巨大的积累效应。

假设"1"代表了个人的能力与资源,"365"代表的是时间,"1.01"表明每天都在进步0.01,而"0.99"则代表每天都在退步0.01。从数据上来看,每一天的变化几乎都可以忽略不计,可是一旦考虑到一年365天的时间，就会发现那些每天坚持进步0.01的人，一年之后的总收益是一整年都原地踏步的人的37.78倍，而那些每天都在退步0.01的人，最终的收益只有原地踏步的人的1/40。

正是因为如此，人们在工作和学习的时候，每天都应该尽量取得进步，即便这种进步看起来微不足道，但是随着时间的积累，往往会产生质变。芒格很早就意识到了这一点，作为一个热爱学习的人，芒格每天都在尝试着完善自己，无论是知识储备、个人阅历、思维层次，还是道德情操，芒格都对自己有要求，就像他所说的那样，希望自己每天睡觉醒来，都可以比昨天更加聪明。

芒格如今已经是97岁的高龄了，但是他仍旧表现出年轻人身上也很罕见的狂热的学习劲头，为什么会这样呢？就是因为他一直都对明天的自己抱有期待，他并不在乎自己会不会成为富人，会不会变成一个出色的投资者，而是坚持每一天都要变得更好。那么他是如何变得更好的呢？最主要的方式就是学习。

芒格认为一个人最大的进步在于学习和阅读。他自己喜欢阅读，而且将阅读当成个人成长和投资最大的保障：

> 我清楚地知道自己为什么要收集这些信息，在开始阅读和学习之前，我就想好了自己具体要了解的那些信息与事实，然后去判断所看到的数据和信息是否符合基本的概念。一般来说，大量有目的的阅读可以让人在潜意识里养成一种习惯，人们会将自己接触的知识和基本概念联系起来，从而逐步累积起与投资有关的智慧。很显然，如果一个人没有进行过大量的阅读，就不可能做出真正出色的投资。

芒格喜欢学习，认为那些智慧过人的人都读了很多书，都在想办法通过学习来提升自己。尽管互联网带来了信息大爆炸，但是真正能够在互联网上获得高价值信息的人并不多，他并不觉得在电脑上阅读并获得一些知识，要比直接阅读纸质书籍更加有效，至少对他来说是这样的。认识他的人都觉得他的生活空间基本都被书包围了，房间里、床上、椅子上、书柜中到处是书，除了小说，他会阅读各种类型的书，以收集各种各样的信息，然后基本上每天晚上都在看书的时候睡着。芒格最喜欢阅读个人的传记以及商业杂志，伟大人物的个人传记会带来出色的理念和思想，商业杂志可以带来各种商业经验和知识。

在学习新知识的时候，芒格还会进行思考与整合，思维上的进化有效提升了他的投资功力，至少在分析问题的时候，他掌握了越来越多的方法。除了阅读，芒格认为，向那些有经验的人或者行业内的翘楚学习专业知识，可以有效提升自己某方面的能力，或者可以在自己所期待的那些方面获得进步。在芒格看来，个人的进步离不开别人的指导，这样就可以更快地掌握要领。

作为一个思考者，芒格当然意识到单纯思考存在的一些限制，因此，他的想法是尽可能将思考的内容和学习的知识写下来，坚持下去就可以看到自己的变化。不仅如此，他还会将其应用在日常生活和投资当中，多年来，他一直都非常看重日常的操作，他会认真完成每一天的工作，会专注于自己的事业，然后慢慢积累经验，增加个人的投资能力。虽然进步不一定会很快，但可以逐步实现个人的成长，并为之后更大限度的跨越奠定基础。

比如，芒格的老搭档巴菲特一直被当作一个非典型的演说家，他的沟通技巧让人赞叹，不过巴菲特早在青年时代是一个非常害怕讲话的人，性格内向的他很少参加社交活动，更不习惯于在公开场合说话，这使得他一直无法融入圈子中去。意识到自己的缺陷之后，巴菲特决定学习演说技巧，改变自己的缺点，之后他进入卡耐基成功学的讲座班，学习公开演讲的知识，演说技能开始有了很大的进步。接下来，他强制要求自己每天都要多说几句话，而且多年来始终坚持比前一天说得更多，说得更好，这也使得巴菲特成了出色的演说者。

对于其他投资者来说，也可以按照芒格的指导进行学习和工作，在学习与实践中找到自我成长的方法。无论是学习还是做事，都要坚持每一天比前一天做得更多，每一天比前一天做得更好。实验者可以将每一天的工作情况记录下来，然后进行仔细对照，看看自己是不是每一天在数量和质量上都有所进步。这种方法非常适合具体的操作。

需要注意的是，在芒格看来，一个人应该努力提升自己的能力和经验，才能让自己保持更高效的思维模式。但是个人的进步不仅仅包括能力提升和经验增加，还包括道德思想的进步，只要道德思想获得成长的人才更容易得到他人的信任和钦慕，也更有机会获得期望中的成功，他们在生活中往往会成为赢家，也会获得人生中极大的快乐。

打破自己最喜欢的想法，实现思维突破

"我之所以比其他大多数人都要更加成功，有一部分原因就在于我一直以来都在不断破坏自己最喜欢的想法。我在很小的时候就知道这是一个非常有用的诀窍，所以这些年我没有忘记磨炼它。事实上，当我每一次都摧毁自己努力很长时间才形成的好想法时，我都会非常高兴。只不过多数人都做不到这一点，他们也不喜欢这样做。"

2019年致股东的信

在很多公司内部，往往会设置红队和蓝队两支队伍，红队负责提出方法、策略以及一些具体的执行方案，而蓝队则负责给这些方法、策略和方案挑刺，尽可能找到理由来推翻它们。对于企业来说，如果能够推翻和打破红队提出来的想法，就意味着公司的策略和方法将会进一步得到完善，潜在的风险也不断降低。

从团队的角度来分析，这是一种非常好的沟通制度，可以提升整

体的思考能力。对于个人而言，可以依靠外界的批评、质疑和否定来提升思考的深度，在很多时候，也可以选择自我否定的方式来强化自己的思考能力和思维水平。简单来说，就是当自己拥有一个好的观点和想法时，会努力想办法进行否定，并寻求推翻它的方法。在这种正反两种思维模式的缠斗中，个人的思维会越来越活跃，思考的问题也会越来越广，越来越深入。

事实上，个人的成长过程本身就是不断否定、不断完善的一个过程，个人的想法、思维、能力、视野都是不断发展变化的，更成熟的想法和思维会不断取代不成熟的想法和思维。比如，很多人都存在惯性思维，当他们在某件事上获得某种认知和经验之后，往往会习惯性地将这种认知和经验用于另外一件相似的事情上。但实际上由于个人所处的环境不同、成长的程度不同、个人的知识积累不同，解决问题的方法肯定也需要变化和完善。

芒格非常敬佩发明家爱迪生，他认为爱迪生真正出色的地方不在于他发明了那么多的产品，而在于他一直都在想方设法改革自己的想法，一直都在挑战自己的能力界限和知识界限。比如，爱迪生发明电灯的时候，先后尝试了一千多种材料，他不断尝试、不断挑战、不断否认、不断突破，这才成功找到了实用性很强的钨丝作为灯芯材料。

和爱迪生一样，芒格不喜欢惯性思维，他一直都在寻求自我成长的机会，在平时的思考过程中，当自己想出一个好的观点时，他就会主动去挑出各种问题和不足之处，想办法破坏这个想法，在他看来，破坏自己最好的想法就是最令人愉快，也是最有成就感的一件事。多年来，自我否定和破坏已经成了芒格实现自我升级的一种重要方式，每隔一段时间反思自己的想法，尤其是那些自己最看好的想法，通过不间断的反思来强化自己的思维探索能力和自我完善的能力。有趣的是，他和巴菲特都是同类型的人，两个人相约每年都要破坏自己最喜欢的一个观念和想法，几十年来，两个人一直都在这么做。

众所周知，芒格喜欢搞建筑设计，有一次，他对学生们共用宿舍产生了兴趣，并且想出了一个非常出色的方法。一段时间之后，他开始反思自己的想法，然后不断琢磨，不断质疑，不断验证，不断更新，最终花费了一年半的时间推翻了这个自认为愚蠢的想法，并想出了一个新的方法。

芒格告诫其他人一定要保持耐心和决心，因为挑战自己、否定自己是一个相对较长的过程，而且非常耗费脑力和精力。很多时候人们容易妥协和满足，他们会不断告诉自己："我已经做得足够好了，我的想法独一无二且完美无瑕。"当他们认为自己想出一个好的点子时，更是会表现得自信和满足。因此，芒格认为人们一方面应该督促自己反复审核、反复思考、反复否定，另一方面要给自己一个相对较长的时间，毕竟如果一个好点子和出色的想法在短时间内被自己推翻和破坏，就证明了这些所谓的好想法原本就不够出色，而且也不够严谨。

关于时间的问题并没有一个具体的标准，人们可以尝试着像芒格一样每年都打破和推翻自己最得意的好点子或者某个好的观念，也可以将时间延长到两年，关键要看自己的学习和成长状态。不过平时还是要养成良好的"升级习惯"，制订合理的"审计计划"。比如，每隔一周或者一个月就进行自我审核，每次审核都要尽可能找出其中的瑕疵和不足之处，找出那些不合理的地方和需要进一步得到完善的地方，并将每一次挑出来的问题记录下来。又比如，要想办法在实践中进行验证，通过具体的实践活动来检查自己的观念是否合理，是否存在漏洞，是否经得起更长时间的考验。

当然，最重要的还是思考，思考是芒格每天都在做的工作，他会对自己的想法、观念进行深度思考和剖析，这有助于他找到新的突破口。所以芒格一直建议人们更多地思考和反省，不要习惯性停留在某一个思维空间里。事实上，对于多数人来说，打破自己的思维模式，推翻自己的想法，更多的还是体现在一种做事的态度上，即你不一定非要严格要求自己每天要破坏多少自己的想法，而是要强调自己不能迷信过去，不能把自己僵化在某一个层次上，重要的是通过积极的思考，然后采取行动去做这些事，督促自己不断突破和进化。

有记者曾经问芒格："为什么推翻那些根深蒂固的观念会如此困难？"芒格做出回复：

> 很多东西看起来都很疯狂，我在试图纠正它们。我拥有属于自己的标准。我不知道如何去做那些复杂的事情，但我确实知道该如何避免陷入疯狂，即使这是传统的。我只知道这些东西。我甚至从来没有刻意想着让自己变得更加聪明。我一直都在做的就是试着不发疯，并且不被传统束缚住。

在他看来，很多人很容易被原有的、传统的观念束缚住，所以他们会失去打破旧观念和旧传统的兴趣，也会失去这方面的勇气，也正是因为如此，芒格建议大家必须建立自我否定、自我进化的态度。

第七章

努力不让自己变成愚人，而不是成为智者

保持理性，不要在情绪波动时做出决策

"能够意识到自己犯下的错误当然是一件难得的好事。目前，我拥有的财富有很大一部分是在犯错误的情况下买的。当你犯错时，最重要的是必须学会修正自己原有的错误想法。事实上，我一直都在努力尝试着摒弃一些头脑中的错误信念。从某种意义上来说，大多数人会偏执地维护自己愚蠢的行为，认定自己的行动一定就是对的，我的看法是尽可能多地复盘检查一下自己之前的想法，尤其是当自己发现一些不确定的证据时，在我看来，理性和客观就是最重要的东西。想想生活中你曾经做过的那些蠢事，想想那些自以为非常聪明的人所做的一些最愚蠢的事情。也许人们想要更多这方面的案例，但是只要认真看一看周围，就会发现大多数人都有过类似的尴尬时刻，或者直接想想去年我们经历的那些东西，我们都可以轻易找出一两个例子来验证，保持理智真的是太难了。"

2020年致股东的信

在芒格的诸多品性中，理性是芒格身上最典型的一个特征，也是他对其他投资者的忠告。在几十年的投资生涯中，芒格一直都在践行理性投资的原则，其中一项就是避免自己在情绪不稳定的时候做出投资决策，因为当一个人情绪不稳定的时候，容易冲动行事，对于事物的判断缺乏理性。

芒格曾经谈起巴菲特在1967年收购国民保险公司的故事，当时巴菲特已经意识到了这家保险公司巨大的价值，但是担心自己直接前去谈判收购事宜，会被对方拒绝，或者对方有可能会给出一个自己无法承担的报价。为了更好地把握机会，巴菲特选择静观其变，等待最佳的出手时机。

某一次，巴菲特得知一件事：国民保险公司的CEO杰克·林沃尔特几乎每年都会因为内部经营管理上的问题勃然大怒，据说，在动怒之后的15分钟里，这位脾气火暴的管理者会在内部会议上对每一个人大吼大叫，并且扬言卖掉这家公司。巴菲特于是找到了自己与林沃尔特共同的好友查理·海德，让他注意林沃尔特的举动，当林沃尔特下次动怒时，他就可以立即给自己打电话。不久之后，海德打来电话说林沃尔特又在发脾气了，巴菲特觉得自己等到了机会，于是立即与林沃尔特商谈收购事宜，正在气头上的林沃尔特没有多想直接同意巴菲特的收购条件，结果在不到15分钟的时间里，伯克希尔就以区区870万美元收购国民保险公司。

这件事之所以让芒格印象深刻，不仅仅在于巴菲特的聪明才智，更重要的在于非理性状态下的决策究竟有多糟糕，这让他感到惊讶。可是当他结合日常生活的所见，立即意识到这是一个常态，可以说很多投资本身就是在一种非理性的状态下完成的，其中，还有不少决策是在情绪不稳定的情况下做出来的。

芒格曾经批评过那些情绪控制能力糟糕的投资者：

> 许多智商很高的人反而是糟糕的投资者，原因就在于他们的品性存在缺陷。我一直都觉得优秀的品性比大脑的智力更重要，人们必须严格控制那些非理性情绪的爆发，需要做到镇定和自律，要学会淡然应对人生的损失与不幸，当然也不能因为狂喜而头脑发昏。

情绪对于投资决策的影响常常会被人低估，甚至忽略，事实上，投资者常常认为自己足够理性，认为自己处于一个完全掌控一切的状态，即便他们在不知不觉中被一些负面情绪干扰，也依然表现得自信，但其实这些往往是危险的举动，尤其是考虑到投资领域存在的竞争关系，人们很容易会因为一些情绪上的问题被人利用。

比如：当投资者在愤怒的时候，可能会意气用事，他们对于事情的判断会受到愤怒情绪的干扰，强制做一些自己不愿意做或者没有必要去做的事情；而当投资者陷入悲观绝望情绪中的时候，则会对自己面临的处境丧失信心，从而缺乏对局势的正确判断，最终会因为低估自己的能力而做出错误的决策。有的投资者会在机会到来的时候过于兴奋，高估自己的能力或者忽略潜在的风险，被对手一步步引入困境之中。

芒格认为每个人都有情绪波动期，这是无法避免的，个人想要完全摒弃外界的干扰根本不可能，个人也无法保证自己的内心不会出现波澜，毕竟感知能力和情感体验本身就是自身能力的一部分。不过人们需要注意的是，避免在情绪出现波动时做那些重要的投资决策，想要做出决策，就需要注意调节情绪，等到情绪稳定、头脑清醒的时候再去做决策。

具体的做法有以下几种：

——遇事先不要着急做决定，给自己设定一个5分钟的观察期，等自己思考5分钟之后再去做决策，看看这个决策是否合理，看看自己有没有受到个人情绪波动的影响。

——当自己情绪不佳的时候，一定要避免立即做出决定，尤其是面对一些重要决策，必须先冷静10分钟，等到自己完全沉下心来思考问题，然后再去决定自己应该怎么做。

——凡事都要保持冷静，不要轻易就被他人激怒，也不要被他人的负面情绪和不良行为所影响，尽可能稳住自己的情绪，这样才能避免被他人的情绪干扰。

有的投资者会给自己设定一些双重安全防护机制，比如，让自己的朋友或者身边的助手充当监督者，当自己情绪失控的时候，就提醒自己不要轻易做出决策。还有一些投资者会在口头决策与正式签字或正式执行之间设定一个调整期，当自己意识到因为情绪问题而做出错误的决策时，会尝试着反省和调整，确保正式落实之前可以避免错误。

当然，想要真正做到良性的自我调节，还是需要培养理性的生活理念，芒格一直都能以一种很平常的心态来面对生活以及面对自己，他认为拥有平常心的人能够更加理性地调整好自己的情绪。

嫉妒心会让人陷入困境

"嫉妒也是人生的大忌,而且毫无乐趣,试问有谁能够在嫉妒之中获得享受?嫉妒对人们究竟又有什么好处呢?总有别人比你更强一些。嫉妒别人的行为实在是太傻了,所以我的处世之道是:看透最傻的事,然后敬而远之。按照这样的生活模式,我虽然不能让自己成为一个受他人欢迎的人,但是我却可以对许多麻烦做到有效防备。"

2019年致股东的信

在投资领域,芒格见过太多心存嫉妒的人。很多人总是眼红别人比自己挣钱快,或者嫉妒别人比自己更能挣钱,在他看来,这种嫉妒心就是一种个人原罪。在宗教中经常会谈论人性的七宗罪,它们分别是贪婪、淫欲、暴食、傲慢、嫉妒、愤怒、懒惰,其中嫉妒是唯一一种让他人感到不舒服,也让自己感到痛苦的原罪,其余的原罪至少会在某一方面或者某一刻带来身心的满足,只有嫉妒会让人陷入痛苦的深渊。当一

个人心存嫉妒的时候，他的身心不会有任何愉悦感，反而会日渐成为一个沉重的负担。

多年来，芒格一直对投资银行保持距离，甚至在多个场合抨击投资银行，除了投资银行的贪婪和不守信，投资银行家的嫉妒心也是芒格重点批判的对象。比如，很多投资银行家往往存在这样的情况：当得知某人的薪资为200万美元的时候，那么就会要求自己获得210万美元的薪酬；当某人得知他人的薪水达到了300万美元时，同样会想方设法获得310万美元甚至更高的薪资。为什么会出现这样的情况呢？芒格和巴菲特认为，这不是简单的贪婪，而是嫉妒心在作祟，投资银行家早已经习惯了相互攀比，他们不会轻易满足自己获得的薪酬，除非意识到自己比别人获得的薪水更高，这种相互攀比的风气无疑会对整个薪酬体系产生严重的冲击。

在2006年的致股东的信中，芒格就曾这样吐槽：

>如今，美国证券交易委员会竟然提出了要披露首席执行官薪资的要求。这种要求的初衷应该是为了增加薪酬的透明度，从而有效抑制类似所罗门公司金融丑闻而出现的巨额赔偿，但事实上产生了相反的效果。善妒的首席执行官反而理所当然地把这个要求当成了提高薪资的一个参照表格。

在投资方面，嫉妒心可能会推动人们犯下各种错误，比如，在企业中，管理者不再专注提升自我的能力，不再专注借助平台来证明自己，也不再专注为股东们谋取更大的利益，相反，他们会事事为自己的利益考虑，会强调对他人的追赶和超越，从而打乱内部资金和利益的分配计划，破坏内部的和谐。如果一家公司存在很多心存嫉妒的人，或者一家企业的管理者拥有很强的嫉妒心，那么这家公司的经营和管理肯定会出现很大的问题，投资者肯定也不放心把钱交给对方打理，他们并不会觉得对方能够为股东利益着想。

芒格认为，嫉妒心是一颗定时炸弹，这种人往往很不可靠，对于投资者来说，如果想要与人进行合作，或者投资一家公司，那么一定要对这家公司的管理者进行分析，如果对方嫉妒心很重，那么就要和对方划清界限，不要将希望寄托在对方身上。不仅如此，嫉妒心往往会摧毁个人的事业，因为嫉妒心重的人往往会挑战一些别人擅长而自己不擅长的事情，会冒险去做一些能力以外的工作，这种人通常不够理智，容易在事业上冒进，跳入火坑。

"金融大鳄"索罗斯是一个能力出众的投机大师，曾经在股市搅动风云，挣得盆满钵满，可是索罗斯有一个很明显的缺点，那就是嫉妒心很重，他自己不看好投资科技公司，也见不得别人投资科技公司挣钱。结果当行业内不断有人在投资科技公司中挣到钱后，索罗斯非常不满，于是也投资了几家科技公司，结果不出意外，亏损了一大笔钱。因为嫉妒而投资自己不擅长的公司，毫无疑问，成了索罗斯投资中为数不多的败笔，也让他沦为一时的笑谈。

正因为嫉妒心的危害太大，芒格一直都将其当成一个不安定的因子，也尽量避免被嫉妒心缠上。在他的人生修行计划中，有一个基本的原则就是保持平常心，理性看待自己人生的得与失，对自己无法做到的事情保持客观的、理性的认知，这样就可以有效避免与他人进行攀比。

在2019年的致股东的信中,芒格就曾这样自省:

> 如果我当年更加聪明一些,大概就不至于会错过那个绝佳的投资机会,资产大概也要比现在多一倍。回忆过去,人们总会发现自己原本可以做得更好一些,这一点对谁都是一样的。但事实上,谁都不可避免地要错过一些好的机会,这是命中注定的。因此,我的想法是,对于那些没有办法改变的事情,就没有必要继续纠结,满腹牢骚、抱怨一切是人生的大忌。

投资者的修养是芒格一直都在强调的问题,也许很早就有人意识到了这个问题,可以肯定的是,很少有人会像芒格一样引起足够的重视。相比于那些只注重投资技巧、投资资源、投资模式的人而言,芒格呼吁更多投资者能够在心智上有所提升,他认为一个优秀的投资者一定拥有优秀的品质与个性,而不仅仅是因为他了解投资方面的知识。

总的来说,心怀嫉妒的人往往缺乏理性,遇事只考虑自己,且容易做一些冒险的事情,这些显然都不符合投资的要求。因此,从芒格的角度来说,一定要保持平常心,不要与人攀比,避免被嫉妒心影响,同时也要尽可能远离那些心怀嫉妒的人。

拒绝对事物怀有偏见

> "这有点难,就好比是厨房里有太多的蟑螂,你根本分辨不出是哪一只。不管是人们喜爱的哪一种偏见,它都会让我们走在错误的路上,这就是偏见的本质。有些人所相信的东西真的让我感到惊奇,同时我们政党理念上的这种两极分化,也让我感到惊奇。"
>
> 2018年致股东的信

在投资市场上,往往会存在很多不理性的投资行为,其中一些行为非常疯狂,让人觉得不可思议。而在过去很长一段时间内,人们习惯了使用"贪婪"和"恐惧"这样的逻辑思维进行解释,芒格对这些非理性的行为进行深入分析,发现仅仅单纯地依靠"贪婪"与"恐惧"来解释这些问题显然过于牵强,而且无法涉及本质,他努力寻求一种更开阔、更丰富的行为解释框架。后来,芒格阅读了罗伯特·西奥迪尼的《影响力》这本书,从中受到了启发,于是提出了自己的看法:大多数不理性的投资行为源于个人的偏见。

偏见几乎存在于任何人身上，而且在任何一个领域都会出现，偏见的形式多种多样，但每一种都会导致个人对事物的本质认知产生错误的理解，尤其是对投资者来说，偏见会导致他们错误地看待市场上出现的状况，会使用错误的投资方式和理念，最终产生非理性的行为。

比如，很多人容易因为激励而产生偏见，在他们看来，只要给予他人更多的物质奖励，就可以激励对方做得更好，这样就会导致对方在拿到应得的报酬时，习惯要求获得额外的收入，导致整个投资的资金分配出现问题。又比如，很多投资公司按照合约支付经理人报酬时，会额外支付一笔费用，高层往往会错误地认为只要多给对方一笔资金，那么他就可以做得非常出色。长此以往，经理人每次在核算好成本费用之后，往往会向高层或者总部索要更多的资金，而这对公司的整体投资分配往往会产生严重的破坏。

偏见也存在于一些简单的心理否定行为中。比如，当真相变得令人难以接受的时候，就会在心里进行否定和扭曲，将其转化为自己可以接受的内容。比如，当投资遭遇挫折和失败时，他们会麻痹自己的直觉，不断提醒自己"这只是一种正常现象，不多久之后，一切都会好转"，或者告诫自己"那些最好的投资，都免不了会出现这样的波动"，也有一些人会安慰自己"如果让别人来投资，或许情况只会变得更加糟糕"，他们对于自己错误的投资方法进行屏蔽。

偏见还源于市场上的盲从，当有其他投资者投资了某个特殊项目而获得理想的回报时，其他投资者可能会投资同类型的项目，他们并不关心自己是否适合这样做，只是单纯地认为别人能成功，自己也一定能够获得相应的回报。对权威人物的过度依赖也会产生误判和偏见，那些喜欢听从投资助理和专家指导的投资者往往不相信自己的判断和分析，缺乏独立做出决策的能力，很容易因为他人错误的引导而对投资产生错误的判断。

还有一种功能情况也很常见，当某人接触某种思想和知识之后，这个想法就会在大脑中根深蒂固，并促使他后面的行为按照这个想法行事，使得自己前后言行一致。即便他意识到自己这样做是错误的，也会千方百计为自己的行为辩护，以解决认知不和谐的情况。这是承诺一致原则在起作用，它也会引发投资者的偏见，投资者从一开始就做出了错误的判断，可是为了确保自己不会因此遭到他人的否定，往往会继续错下去。

芒格经过多年分析，找到了很多种类型的偏见，包括回报倾向（如当别人期待A成为某一种人时，A就趋向于以某种方式行动）、条件反射引发的偏见（按照过去的经验做出判断）、剥夺超级反应综合征（一些微不足道的减少会引发偏见）以及反差（不同环境下的体验往往会产生错误的判断）、赌博心理、羡慕和嫉妒、个人喜好心理等。在芒格看来，偏见会形成一种固定思维，从而禁锢住个人的大脑，对于投资者的发展非常不利。所以芒格呼吁更多的人"在年轻的时候，不要被自己喊出来的东西禁锢住大脑"，投资者更是要以发展的眼光看问题，不要被禁锢在过去的偏见之中。

为了改变个人的偏见，一定要了解心理学知识，找出个人偏见的起因，然后针对性地进行调整。要有自己的原则，要改变主观臆断的不良习惯，要懂得深入现实去分析问题，培养公正待人接物的态度，要培养独立分析和判断的能力，制定与偏见相抵触的规则并强制要求自己执行下去。

而在面对来自外界的偏见的时候，芒格曾经这样说道：

> 当你打开电视的时候，发现A台有个蠢货正在表演，于是果断换到B台，又看到另一个蠢货，这两个人虽然身份不同，但他们都是蠢货。两个蠢货正在向一个头脑不健全的观众表演节目，这样的情况让人感到不安。过去并不是这样，我喜欢主持人沃尔特·克朗凯特。现在我会在不同的蠢货之间来回切换节目，我不会只关注某一个蠢货的节目，这就是应对偏见的方式。

事实上，对于多数投资者来说，无论是消除自己的偏见，还是要屏蔽外在的偏见，最重要的是保持理性，保证实事求是的态度，不要在主观上做出判断，坚持保持独立的姿态进行分析和判断，不要轻易受到外界的影响。

培养更加崇高的道德品质

"我认为这是今天应该着手解决的一个比较特殊的情况，看起来真的非常糟糕，在一个文明的社会里，类似这样的业务显然无法赢得我的喜爱和尊重。它是完完全全的，在根本上的错误。当一家公司需要将这些东西卖给不好的人才能够真正赚到钱，这不是我希望见到的事情，你知道，我们已经出现了在州里卖彩票的情况，它看上去就已经非常糟糕了。如果一些坏人做了坏事还能受到他人的尊敬，那绝对是道德的沦丧。"

2021年致股东的信

芒格曾经谈到过一个关于投资者品行的故事，据说有一位投资人去世的时候，只有很少的人参加了他的葬礼，主持葬礼的牧师要求大家对死者说几句话，可是等来的是一阵尴尬的沉默。牧师有些失望，只好再次问道："难道没有人愿意为死者说几句好话吗？"此时，人群中传来

一个沙哑的声音："好吧，他哥哥比他要更坏。"

在这个故事中，芒格所谈论的就是行业内的那些善于欺骗他人的不良投资者，这些人凡事只看重个人的利益，甚至为了获得私利而损害合作伙伴的利益，他们往往缺乏道德心，难以赢得他人的信任，最终也无法将生意持续下去。比如，最近几年，芒格一直都在抨击比特币，在他看来，比特币不值得投资。在2021年的致股东的信中，芒格就毫不留情地对其进行了抨击：

> 我非常憎恨比特币当前所获得的成功，考虑到它正在满足那些绑架者和勒索分子的价值需求，我非常反感它出现在这个世界上。我也很讨厌向那些发明了一个新金融产品的家伙多掏几亿、几十亿美元。所以我想有必要谦虚地说，这个东西令人厌恶，而且明显违背了文明的利益。

在芒格看来，品行低劣是很多投资者身上的缺点，毕竟在涉及经济利益的时候，人性的欲望就更容易被激发出来，这也是行业的一个阴暗面。就像他所说的那样，人性总有很多不好的东西，人们不能抱过高的期待。即便如此，芒格仍旧坚持以良好的个人品行来赢得投资机会，并认为这才是长久立足于行业的重要保障。

事实上，芒格不仅以身作则，而且在投资时非常看重对方的能力和人品，只有人品出众的人才值得他去信任，而李录就是他眼中的理想伙伴——聪明且人品足够好。芒格曾经谈论过通用电气的谈判策略，这家老牌的大企业有一个不好的名声，它总是在经过一系列谈判且差不多谈成的时候，突然来一个转折，提出一些意见和条件，这让那些已经投入大量时间、精力和资金的合作伙伴感到愤怒，但是却又无可奈何。通用电气使用这种不太光彩的招数的确获得了不少利益，但是也损失了不少优质的合作伙伴与客户。

相比之下，李录在进行风险投资的时候，虽然也会使用最后突然转折的方式，但出发点却截然相反，他会这样告诉对方："我想你也知道，对我们来说，这次的投入只是一笔很少的钱，但是对你们来说，可能意味着全部的身家了，所以我必须补充一个条款：'假如最终出现了亏损，我们会归还你之前投入的资金。'如果不增加这个条款，我没法和你签合同。"

芒格认为，这才是正确的为人处世之道，能够最大化地吸引客户与合作伙伴，而这对于自己也是有好处的，可以树立更好的品牌形象，这样的品行是不缺乏投资机会的。他一直在努力寻找类似于李录这样的人，同时也在告诫投资者必须要注重个人道德品质的培养。在伯克希尔公司，他和巴菲特对于股东的道德品质非常看重，每一年都会写信给管理层，亲自询问经理人和管理者有没有心仪的继任者，然后必须确保所有继任者不会做出败坏公司名声的事情来。他们还提出了一些具体的标准，比如，那些继任者必须按照能上当地报纸头版头条的标准行事。

而在这些道德品质中，最重要的包含了以下几个方面：

——诚实守信，不欺骗客户，不会愚弄别人，能够坦诚地向其他投资者、客户说明投资的基本信息。

——具有良好的协作意识与契约精神，而且善于让利给客户，积极追求共同发展的理念，避免一人独吞利益。

——能够对客户与合作伙伴的利益负责，尽可能保证合作伙伴的利益不会受损，尤其是在涉及重大利益的项目上，可以站在合作伙伴的立场上思考问题，在投资中会主动维护对方的利益，并为他们的利益服务。

——勤俭节约，将每一分钱都花在刀刃上，合理使用股东们的每一份投入，尊重股东们的信任和投资。

——保持正直的态度，能够指出投资中的一些不当行为，能够主动站出来为股东的正当利益发声。

——拥有包容谦虚的姿态，认真包容外界不同的建议和意见，能够谦虚地向那些比自己更加优秀的人请教，不会心存嫉妒且不会恶意排斥和自己想法不同的人。

对于投资者来说，出众的能力是生存的一种必备要素，而良好的道德则是持续获得发展的保障，所以在注重培养个人投资技巧、投资能力，学习投资经验的同时，更要培养个人的道德品质，以优秀的道德品质来吸引更多的优质投资。

不要同情自己的遭遇

"过度自怜会让人产生近乎偏执的心态,而偏执则是最难逆转的东西之一,人们最好不要陷入自怜的情绪当中。我有一个朋友,他总是随身携带着一沓厚厚的卡片,每当有人在他面前说自己有多么可怜时,他就会以一种夸张的姿态慢慢地掏出那一沓卡片,然后将最上面那张交给对方。卡片上写着'你的故事让我非常感动,我从来没有遇到过像你这么倒霉的人。'

你们也许会认为这只是一个玩笑,但我认为这是精神上的清洁方式。每当人们发现自己产生了自怜自艾的情绪后,不管出于什么原因,哪怕自己的孩子患上癌症即将死去,人们也必须明白一件事:像这样可怜自己根本没有任何用处。每当这个时候,人们更应该送给自己一张我朋友的卡片。"

2007年致股东的信

人们经常会说，成功者之所以获得了常人所不及的成功，就在于他们承受了常人无法承受的苦难，而芒格就是一个典型。很多人只知道芒格是一个成功人士，有着几十亿美元的身家，有着非常成功的人生经历，还有令人羡慕的社会地位，而实际上芒格的一生非常坎坷。虽然他在投资领域事业有成，但在个人的家庭生活上却遭受了很多苦难。

30岁的时候，芒格和结婚8年的妻子南希·哈金斯离婚。尽管在当时离婚还是一件非常不光彩的事情，芒格还是顶住了外界的压力果断离婚，他不想自己继续被每天的争吵折磨，离婚是他在痛苦中唯一的解脱。离婚后的芒格遭受了众多非议，但他一直默默挺下去，对他而言，虽然婚姻的失败让他几乎没脸见人，但是孩子们让他感受到了家庭生活中少有的快乐。

没想到命运和他开了一个大玩笑，离婚没过多久的芒格正准备好好抚养几个孩子长大成人时，却发现大儿子患上了白血病，而且被检查出来的时候，已经是晚期了。没有任何办法可想的芒格每天只能在医院里抱着儿子，眼睁睁看他死去。那个时候，他经常一个人在路上漫无目的地行走，然后一边走一边哭。儿子去世之后，芒格也因为给儿子看病而耗光了所有的钱，他只能咬牙坚持，没日没夜地工作。

由于用眼过度，1978年，54岁的芒格失去了自己的左眼（因为急性白内障），芒格没有沮丧，他用另外一只眼阅读，同命运做抗争。2011年，芒格的另外一只眼睛也受到了感染，几乎失明，好在经过现代医学的治疗，恢复了70%的视力。很多人都很同情芒格，但他们从来没有从芒格身上看到过妥协和悲观，没有听到他任何自怜的话，面对生活的苦难，芒格一直都保持着强大的心态，正像他在演讲中所说的那样：

> 假设生活真的非常艰难，那么不妨问问自己，是否能够处理好。如果答案是能，那就证明你已经赢了。

芒格很少对他人进行说教，但在克服生活困难这件事情上，他建议人们把生活中的挫折当成一种自我历练和自我成长的机会，因为任何一种挫折都有助于自己变得更优秀、更完美，如果沉湎于挫折和失败之中，只会让自己越来越痛苦。芒格认为每一个人都会遭遇各种挫折和磨难，这是不可避免的，最重要的不是想着去逃避，而是在挫折和磨难到来的时候，保持强大的乐观的心态，不要期待获得他人的同情，更不要试图可怜自己的遭遇。

作为久经战场的老手，芒格见到很多企业家、投资者和商人在商界浮浮沉沉，其中，有很多被称为天才的投资者和企业家在经历挫折之后一蹶不振，开始变得颓废，并且经常在电视上卖惨，逢人就说一些自怜的话，但他们最终也没有得到任何的帮助，反而在自怜自艾中消磨了锐气。芒格自己也曾遭遇过多次重大的失败，有几次也几乎是倾家荡产，但每一次他都保持乐观的、自信的心态，逢人谈起这些事，他也是一副淡定的模样。

芒格在描述个人的投资失败时，非常严肃地说，一个投资者在一生中如果没有经历过两到三次大的跌幅，没有经历过巨大的挫折，并且能够始终以冷静的心态来面对这些波动和挫折，那么就无法成长为一个出色的投资者。他不喜欢那些遇到挫折就自我同情的人，认为一个人如果以同情的心态看待自己，只会让自己变得更加懦弱。

按照芒格的说法，人们需要保持更加理性的状态，需要以更好的心态来面对人生的失利，同时要想办法排遣那些负面情绪。

——遭遇重大打击的时候，反复告诫自己"这并不是什么大问题，每个人都可能会遇到这些问题"，尽可能以平常心来看待这些问题，确保自己的情绪不会长期受到影响，要坚信自己下一次就可以有效避免和解决问题。

——遇到挫折的时候，先不要自暴自弃、自怜自艾，可以尝试着去解决它，思考各种解决问题的方法，并且认真去实施，即便无法解决问题，也可以通过实践锻炼提升自己的抗压能力和应对挫折的能力。

——当产生自怜和自卑等负面情绪的时候，及时进行心理调整，不要越陷越深，比如，做一些自己感兴趣或者开心的事情，转移注意力；出去运动或者购物也是很好的方法，可以有效排遣负面情绪。

除了以上几种方法，芒格还强调挫折的重要性和价值，期待着各种挫折和困难的到来，然后想办法找出解决问题的办法。

努力提高自己的意志力

> "这样的生意没法快起来，非常磨人，但我们一直很喜欢这种生意，因为能做这个生意的公司必须要有钱、有决心，以及能够坚持下去，《每日期刊》一直在做的就是坚持。"
>
> 2019年致股东的信

企业的耐力和意志力，投资者个人的耐力和意志力，是投资中非常重要的一种品质。当一个人拥有更加强大的意志力时，意味着他在困难面前会坚持更久，意味着在竞争激烈的市场上能够坚持更久，意味着在面临困境的时候，会想办法寻求更多的办法。因此，芒格一直都在强调意志力，并且希望投资者可以想办法提升自己的意志力，让企业获得更大的耐力和韧性。

在芒格眼中，伯克希尔公司可以依靠巨大的体量和强大的资本影响力来解决很多问题，相比之下，《每日期刊》只是一家规模不大的公司，生存和发展往往更加困难，它需要具备更加强大的耐力、意志力和韧性。比如，《每日期刊》主要有两条业务线：一个是日渐衰落的法律报刊业务，这项业务每年的税前利润只有100万美元左右，而且每年都在减少；另一个是电脑软件业务，公司主要负责帮助法院、司法部门以及其他政府机构实现自动化。

考虑到业务发展的前景、客户的层次，以及员工的能力和水平，电脑软件业务的发展远远要比法律报刊业务更强，当然面临的困难往往也更多一些。想象一下，并不是每一个公司都可以轻松同各个州的法院打交道，与政府顾问谈生意，也并不是任何一家公司都可以轻松参加形形色色的招标，《每日期刊》的业务并不广，但公司需要把握住那样的机会，然后想办法应付官僚主义。

芒格多次强调，《每日期刊》的这种生意并不好做，以至在其涉及的软件生意内，IT巨头们并不感兴趣，甚至躲都来不及。这些巨头通常最喜欢将研发出来的产品刻录成光盘出售，然后等着大把大把数钱，而不用做其他多余的工作了，它们喜欢那种简单的复刻。但《每日期刊》所经营的软件生意完全不一样，这不是简单的软件复刻，他们需要和全国各地的司法部门、州法院、联邦法院打交道，而这些机构总是有各种各样的要求，会派来各式各样的顾问，而且《每日期刊》本身还要承受来自其他竞争对手的压力。芒格认为，从本质上来讲，《每日期刊》的生意应该是技术咨询，而且属于服务密集型的生意，这类生意一直以来都很难做，多数企业都会排斥它们，毕竟谁也不愿意投入大量时间和精力的同时，还不得不面对政治现实和方方面面的官僚主义。不过或许正是因为如此，《每日期刊》反而一直都在坚持，依靠强大的意志力赢得发展机会。

许多人认为，芒格和巴菲特的投资都是偏向轻松的，毕竟他们似乎什么也不用做就可以获得高额的回报，但是如果认真分析，就会发现芒格所投资的很多公司都拥有比较烦琐的业务，那些企业在整个行业内并不是那么容易生存的。芒格说过，那种只要出钱投资就能获利的好机会越来越少了，比如，很多生意都在变得越来越难做，它们通常具有竞争激烈、业务烦琐、压力很大的特点，虽然在能力范围之内，但很多投资者根本坚持不下去。而且过去一些比较挣钱的优质标的，发展速度也慢慢开始放缓，像可口可乐、苹果公司、穆迪、威瑞森或多或少都面临这个问题，这对投资者来说是一个挑战。还有一种就是回报周期比较长，可能几年时间内也看不到利润，这就要求投资者要有超出常人的耐心和魄力。

一项优质业务或者一个优质企业，不可能总是那样轻松自如，太好赚的钱，别人往往也很快会盯上，所以只有那些不为人关注或者业务烦琐的项目，才有可能真正成为理想的投资选项。但是如果想要经营好它们，那么就必须把自己变得更好，提升自己能够持久发展的能力，意志力就是其中的一项必备能力。

对投资者来说，保持强大的意志力有助于他们更好地应对日益复杂的投资环境，有助于强化他们投资的抗压能力，不过想要提升意志力，需要从多个方面进行锻炼：

——主动接受挑战，多做一些烦琐且有难度的事情，通过尝试和挑战，就可以让自己逐渐适应各种不同的环境。比如，多做一些别人不愿意做但自己能应付的事情，做一些自己不是很喜欢，但对投资有帮助的事情，或者做一些能力范畴之内但是有难度的事情。

——遇到收益的时候，不要专注于满足眼前，尝试着去延迟满足，多等一段时间，努力获得更高的回报。比如，当自己想要食用美食的时候，可以不断告诫自己再等半个小时；或者在投资某个项目之后，不急着拿分红，而是将分红继续投入项目中，以便获得更高的收益。

——制定工作目标，然后按照计划去完成目标，无论遇到什么样的困难都不要轻易放弃，直到任务顺利完成。一些难度较大的目标可以进行有效分解，分成几个阶段性目标，降低难度，这样就可以更好地保持良好的趋势。

对于投资者来说，想要培养意志力，还需要养成良好的生活习惯、作息习惯和饮食习惯，需要制订个人生活和工作的计划，并且严格按照计划行事，最好能够及时对计划实施进行审核，看看自己做到了哪几点，有什么进步，看看自己有什么地方还很欠缺，具体应该如何进行改善，这样才能针对性地做出调整。

需要注意的是，培养意志力并不意味着蛮干，并不意味着去挑战自己不熟悉或者完全没能力做到的事情，人们要在可控的范围内做事。尽管挑战高难度的工作有时候有助于提升个人的意志力，但更多的可能会给挑战者带来信心上的打击，对投资者来说，这更是一种巨大的冒险行为，很容易产生巨大的损失，只有在可控的事情上进行磨炼，人们才能更好地获得成长。

第八章

成功有时候需要从简单的事情入手

想要获得成功，最重要的是追求常识

"之所以会出现这么神奇的情况，是因为从我们身上隐约能够看到，自始至终都在追求基本的道德和健全的常识。伯克希尔之所以可以取得巨大的成功，《每日期刊》之所以能够小有成就，并不是所谓的秘诀，而是追求基本的道德和健全的常识。"

2019年致股东的信

美国加州曾经有一家非常大的投资咨询公司，为了在业务和业绩上超过其他同行，公司的管理者想到了一个点子：直接招聘从沃顿、哈佛商学院等名校毕业的高才生。这些青年才俊大都拥有出色的成绩，公司的想法很简单，只要让高才生们多接触工作，慢慢了解公司和市场，然后给出他们自认为最佳的投资机会，公司要做的就是将这些好的投资机会集合起来，形成一个组合，如此一来，企业的发展速度必定会非常惊人。可事与愿违，当这家公司将这个点子付诸实践的时候，发现情况很

糟糕，挑选出来的那些投资项目接二连三失败，公司接下来又尝试了第二次和第三次，投资依然非常失败。

要知道这家公司的员工几乎都是顶级大学的人才，而且还有来自世界各地的高智商人才，但他们却聚在一起做了一件傻事。芒格在评价这件事的时候，直接进行了嘲讽，认为公司的做法不符合常理，失败是必然的，而且学生在学校里一味学习理论知识，基本上教授说什么就做什么，没有自主分析能力，也无法分辨出真假对错，因为他们本身就缺乏常识。

芒格认为，很多公司都会犯这样的错误，他们会错误地以为，投资就是看谁的智商更高，但真正的投资往往只需要一些基本的常识。比如，很多人认为分散投资会带来更高的收益，但即便是最没有经验的投资人也知道一点：假如投资真的就像2+2=4那样简单的话，那么投资就没有什么难度可言，而且谁都可以挣到大钱了。比如，很多人认为，投资需要给企业估值，因此，需要大量精确复杂的数学计算，但了解投资的人都知道，价值估算涉及很多变量，所谓的精确计算根本就无从谈起，更别说对企业未来的价值进行估算了。有一些人喜欢投机，每次在股价上升时拼命投入，试图抬高股价，但稍具常识的人都知道，股价有高峰也有谷底，不可能一直上涨或者一直下跌的，那些一味想着在股价上涨时买入的人很可能会被套牢，因为他并没有在应该感到恐惧时住手，也许他们一直都在预测市场，寻找最佳的出手时机，但预测本身就很不靠谱。此外，投资实际上需要明确个人能力圈，人们需要在自己的能力范围内操作，但多数人更关心的是这个项目挣不挣钱，而不是它适不适合自己，自己有没有能力驾驭它。

这个世界上，并没有人因为智商过人而成为投资高手的，牛顿是一个智力超群的人，但他在股市中也赔得血本无归，如果依靠智力就可以解决投资问题，那么投资反而成了儿戏。真正需要的是一些常识，一些大部分人都了解但大部分人都容易忽略的信息。投资的本质就是对常识的一些把握和理解，这就是芒格获得成功的密码。当被人问他一生中有什么值得骄傲的时刻时，芒格非常坦诚地回答：

> 我一生之中并不存在特别令我感动骄傲的某个单一的一项成就，我设定的人生目标也不过是追求平常人没有的常识，这是一个很低的目标。我对自己的目前的表现感到满意，即便人生重新来一次，我觉得自己也很难比现在做得更好。如果非要谈论成功的原因，我觉得很大一部分原因是因为我在正确的时间出生在了正确的地点，并取得了最终成功，这基本上没什么可值得骄傲的。我会感到幸运，但并不骄傲。

"追求平常人没有的常识"，就是芒格给自己人生设下的基本定位，听上去很简单，但平常人很难做到，因为大家都会本能地忽略这些东西，很多人都被投资的表象给迷惑住了，失去了对很多常识的关注。比如，芒格说过"不要试图同一头猪摔跤，因为这会让自己沾上一身泥"，可是多数人想的是自己能够干翻这头猪，能够获得自己想要的东西，反而忽略了"沾上一身泥"这样的常识。

芒格认为，知识的积累很多时候就是常识的积累，但投资者很容易舍本逐末，追求一些脱离实际需求的东西，究其原因有两点：第一，他们本能地认为自己把握了最重要的信息，或者认为自己已经掌握了所需的信息，因此，不需要进行思考，这就使得他们不能将问题延展开来分析，也不能深入挖掘问题的本质和背后深层的原因，更不用说构建起多元化的思维模式；第二，人们常常会认为，投资需要高深莫测的知识，需要各种强大的理论作为支撑，他们坚信像巴菲特、芒格、罗杰斯、彼得·林奇这样的投资高手都是掌握了其他人不曾掌握的高难度投资知识，所以他们对于那些常识反而看得很低，甚至完全不放在眼里。

芒格曾经说过，投资者有时候真的不需要太高的智商和太高深的知识，基本的数学知识、基本的赛马感觉、基本的恐惧以及对人性的基本判断，就可以预测人们的行为，还有一些就是基本的准则，它们可以帮助人们做出更合理的预测。按照他的说法，人们不需要多聪明就可以获得成功，过度依赖智商的人反而容易犯下那些显而易见的错误。

那么如何才能积累常识呢？

——多进行思考，挖掘事物的本质，并且想办法延展自己的思维空间，尤其要注意对自己的投资行为进行反思，只有想得越多越深，才越是能够把握常识。

——实践出真知，很多有价值的方法和理念都是在实践中积累的，人们需要多参加实践活动，在实践中积累经验，掌握日常生活中的常识。

——更多地观察生活，留心身边人的举动，看看别人是如何投资的，看看别人的投资理念是什么，无论是成功者还是失败者，都可以给观察者带来有价值的信息。

  对于投资者来说，想要获得更多的常识，就需要强化训练，积累自己的经验，丰富自己的见识，提升自己的思维层次。

降低自己的期望值

"如果你问我应该如何获得理想化的高复利，我给出的建议是，降低你的预期。我觉得，在一段时间里，实现高复利会非常难。依据实际情况来设置个人的期望，对自己反而有好处，人们不至于在无法达到目标时感到沮丧。平时我们经常会听到人们谈论，从几百年以来最严重的那场大萧条到现在，如果剔除通货膨胀的影响，投资股票指数的年收益率是10%。扣除通货膨胀之后，大概也有7%。在这么长的时间里，7%和10%的年收益率最终会造成巨大的差距。即便以每年7%来算，这也是非常完美的数据了，毕竟从大萧条之后，人类开始进入历史上最繁荣的时期。即便从现在开始投资，实际收益率可能只有3%或2%，未来或许会达到5%，而通货膨胀为3%，这样的情况完全是有可能出现的。"

2019年致股东的信

对投资者来说，建立信心往往很重要，只有自信的人才有勇气迎接挑战，在投资行业中生存下去。但过度自信并不是什么好事，有很多投资者缺乏理性，喜欢冒险，并且认为投资本身就是一项冒险的游戏，这毫无疑问会导致一些冒进的行为。冒险以及冒进的投资者对自己的投资往往抱有很高的期待，对于自己的投资缺乏了解，以致当投资不能达到预期时，很容易受到打击。

比如，有很多年轻的投资者，或者一些初入投资行业的人，往往信心满满，他们对于潜在的风险没有清醒的认知，对于投资中存在的一些问题也缺乏全面的了解，常常会产生一些不切合实际的想法和期待。他们经常会幻想自己可以一夜暴富，可以成为亿万富翁，并且坚信自己可以像其他顶级投资者那样一朝就扬名天下，但现实往往会给他们泼一盆冷水。

面对期望值过高的情况，芒格一直建议投资者要保持"低姿态"，在投资时，对自己的投资标的不要有过高期待，比如，在估值的时候，如果估算出企业的价值为50亿元，那么保守估计为40亿元左右，如果估算出企业每年的年营业额为5000万元，那么就需要保守估计为4500万元左右。和芒格一样，巴菲特一直都强调在投资中保持守势，在股东大会上，芒格和巴菲特就多次告诫投资者不能对投资抱有太高的期望，即便是对于伯克希尔公司，股东也不要对公司未来的收益抱太高的期望，所有人都必须欣然接受公司收益逐步降低的情况。最近几年，好的标的公司越来越少，伯克希尔的收益难免会受到影响，芒格建议股东必须降低期望，因为期望越高，就越容易冒险，越容易丧失理智。

比如，在2001年的时候，有很多企业试图依靠过去的业绩做出估算，吹嘘自己未来的投资收益，并设定很高的目标。巴菲特和芒格认为，这是一种非常愚蠢的行为。他们还讥讽那些预测和吹嘘自己每年的利润增长达到15%的企业，认为这些企业在夸大自身收益的同时，不仅会伤害自己，而且存在欺诈行为，除非美国经济的年增长率也能达到15%，否则15%的利润增长值只会带来很大的麻烦。芒格认为，在泡沫经济期间，人们估算自家的公司价值5万亿美元，却没有任何数学依据，仅仅是一个目标上的设定，这会严重影响企业的发展，尤其是当企业发展遭遇挫折的时候，对股东和自己的打击都会非常大。

在接受华尔街期刊的访谈时，芒格曾经这样说道：

> 我们不会蒙着眼睛下棋或者演奏钢琴，但我们在投资上的成就非常大，这是因为我们拥有更好的性情，这足够弥补我们在智商上的一些缺陷了。

正因为能够保持平常心，凡事都看得很开，不会刻意追求更高的目标，芒格反而能够保持理性，不会刻意提高自己的期望，更不会随便冒险。在过去很长一段时间，芒格都始终以更加低调、保守的姿态看待自己的投资，如果查看一下最近5年的致股东的信，就会发现他在谈论投资的问题上更加保守，无论是对标的的选择，还是对潜在收益进行评估，都明显要更保守一些，尽管他一直都在积极拓展中国市场的投资，但进度其实非常缓慢，对于中国经济发展的赞赏并没有让他在对中国企业的投资上更加冒进。在美国市场上，芒格就显得更加低调了，就像他自己所说的那样，想要找到可口可乐、喜诗糖果那样回报率高的企业会越来越困难。当然，有趣的是，早在几十年前，他也是采取同样保守的姿态来面对这些所谓的优质公司的。

芒格能够挖掘到一些心仪的对象，但他会很聪明地把期望值降低一些，在他所强调的应对人生挑战的三个条件中，排在首位的就是降低期望值，另外两个是富有幽默感和置身于亲情、友情当中。他还认为，快乐生活的秘诀在于降低期望值，毕竟只有对生活和工作不抱更高期待，个人身上的压力才会不断减轻。

从心理学的角度来说，降低期望值很多时候只是一种心理上的自我调节，但它对于个人的行为具有很强的指导意义。对于普通投资者来说，想要做一个更加保守、更加安全的预估，想要降低自己的期望值，可以做好以下几个方面的工作：

——不要过高估值标的公司，最好在估值的基础上降低数值；不要高估未来的收益和回报，要给自己可能获得的收益适当打个折扣，比如，八折或者七折，让估值落到一个更安全的范畴内。

——不要将自己所选择的标的看得太完美，不要总是觉得自己看中的公司会带来不菲的收益，理性地看待企业的发展，在不同企业之间寻求横向对比，重点分析标的公司存在的一些不足之处，以及潜在的一些投资风险，适当给自己的头脑降温。

——即便是一家好的公司，也不要认为自己有能力进行完美的操作，人们必须对选中的企业以及操作流程中出现的各种问题心怀敬畏，不能按照一帆风顺的路子来要求自己，不能过度痴迷和放大自己的能力，谦虚谨慎地看待投资，可以让自己更加轻松地实现目标。

需要注意的是，降低期望值有一个度，不能过度降低期望值，这样就会影响自己的士气和兴趣,导致自己错失一些优质的标的。一个聪明的投资者应该把握好度,确保自己不会高估,也不会低估自己所取得的收益。

远离那些愚蠢的人

"在你所学过的知识当中,至少有50%的东西都是废话,但那些传授知识的人却拥有很高的智商。我们很早就意识到了一个问题,那些看上去越聪明的人,反而越可能做出一些蠢事。我们自然很想知道其中的原因,也想要知道谁会是这种人,以便一开始就能够和他们保持很远的距离。"

2007年致股东的信

仅仅从内在的渴望来说,每一个人其实都会想办法追求自身的进步,让自己变得更加睿智,让自己变得更加聪明,并且能够运用智力解决生活和工作中的问题。可是与多数人不同的是,芒格并没有将如何变得更加聪明放在首要位置,就像他避免自己犯错一样,一直都在努力避免自己成为一个愚蠢的人,就像他曾经说的那样:

像我们这样的人，要努力让自己不成为一个愚人，而不是想方设法让自己成为头脑聪明的智者。只有这样，我们才能够收获令人咂舌的长远利益。

除了避免成为愚人，芒格还一直都在践行人生的理念，那就是远离那些愚蠢的人，因为那些愚蠢的人往往会影响到身边的人，无论是竞争对手还是合作伙伴，都会受到愚人的"牵连"。比如，芒格在投资的时候，会刻意避开那些头脑不理智的管理者，在他看来这类人缺乏清醒的头脑，遇事过分热情，要么就心存偏见，自己对现实都缺乏正确的认知，在投资的时候会做出一些糟糕的决策。

比如，2019年的《每日期刊》年会上，芒格对股东说了这样一番话：

"我当然会选择那些能够知道自己究竟几斤几两的人，而不是那些自不量力的人。这就是我选人的标准，当然我也从生活中学到了一个非常重要的道理，这是我向霍华德·阿曼森学的。他曾经说过这样一句话：'千万别低估高估自己的人。'

"我知道即便是高估自己的自大狂，偶尔也能做成一两件大事，这的确是现代生活中让人非常不爽的一部分，但我已经学会去慢慢适应了，不适应又能怎样，现在这类事情几乎已经见怪不怪了。自大狂是有可能成为大赢家的，但就我个人而言，实在不愿一群自大狂在我眼前晃来晃去，我还是会选择那些谨慎的人。"

在这里，芒格谈到了特斯拉的创始人马斯克，虽然他认为对方在某些方面的确是一个天才，但他并不喜欢对方为人处世的方式，也不打算对他进行投资，在他看来，马斯克最大的问题在于自大，总是做一些自己做不到的事情，甚至有一些自吹自擂。相反，他非常看好比亚迪的老总王传福，为了说服巴菲特投资比亚迪，他当时极力劝说，就连巴菲特事后也吐槽说："他几十年来好像一共才给我打过三次电话，并且讲过三个自己的主意。两年前，他打电话告诉我说长这么大遇到的一个最好的主意，这个好主意就是投资比亚迪。而且芒格直接发了狠话，说我要是不打算购买比亚迪的股份，那么他将会永远离开我。"

除了这种人，愚蠢的人还包括那些投机者，那些愚弄他人却自以为聪明的资本家，最近几年最典型的就是炒作比特币的人。芒格认为，比特币是一种反社会、反文明的虚拟货币，根本没有任何价值，只会成为投机者愚弄他人的工具，他非常讨厌那些炒作比特币的人，认为他们自私自利，缺乏基本的道德心，和这样的人在一起无疑会降低自己的身份。

对于这些炒作者和投机者，芒格直言他们很蠢，表面上可以通过欺骗他人挣钱，但是这种生意根本不能长久维持下去，最终损害的还是自己的利益，个人的形象、个人的生意、个人的长期利益都会遭受损害。芒格尽量远离这种人，以免自己像他们一样犯下类似的错误。

愚蠢的人有很多，在芒格看来，很多自以为聪明的人往往很愚蠢，反过来说，那些愚蠢的人通常都有一个共同特点，那就是自以为聪明，他们通常都自大自满，自我感觉良好，喜欢挑战能力圈以外的事情，喜欢耍小聪明，擅长投机和欺骗，喜欢哗众取宠，但实际上常常做出匪夷所思的蠢事。

芒格对于投资者的建议就是避免做一个蠢人，同时不要和那些蠢人打交道，人们必须坚守自己的原则，但在此之前需要掌握一些识人的方法，看看哪些人容易做出蠢事：

——自大自满，听不得他人建议和意见的人。

这一类人骄傲自满，缺乏自我认知的能力，平时喜欢冒险，缺乏清醒的头脑和自我克制的能力。做事的时候独断专行，不喜欢听从其他人的建议和意见，更加排斥那些反对自己的人，他们往往会因为不够理性而做出一些明显违背现实的蠢事。

——主观臆测，不追求客观事实的人。

这一类人喜欢思考，但大部分时候脱离实际情况进行思考和分析，纯粹按照自己的主观想法来看待问题，所以看待问题时，容易片面、偏激，也容易被自己的错误想法蒙蔽。他们的很多猜测、判断和决策往往并不符合实际情况，最终无法取得预期的效果，甚至会带来更多的麻烦。

——自私自利，欺骗他人的人。

这类人缺乏道德心，做人做事都有强烈的动机，而且凡事只考虑自身利益的满足，不惜破坏他人的既得利益，在很多时候，他们会使用欺诈的手段误导其他人。这种人一般不会赢得他人的信任，因此，在投资的时候很难长久地在行业内生存下去。

——喜欢投机和炒作的人。

这一类人并不一定是某些事件的始作俑者，但往往是推动者，很多时候他们缺乏投资的耐心，痴迷于投机行为，希望通过一些非正常的手段来推动一些不理智的市场行为，以便能够从中谋利。但对于多数投机者来说，他们在参与投机和推动投机行为的过程中，很容易成为别人愚弄的对象。

——不喜欢学习的人。

不喜欢学习的人，往往思想僵化，没有上进心，他们习惯了照搬经验行事，习惯了按照自己固定的方法和策略进行操作，做事情千篇一律，以致在遇到新的问题时就会陷入困境，这样的人往往也会做出蠢事。

总的来说，芒格希望投资者能够明心见性，能够知己知人，尽量和那些了解自己且愿意完善自己的人结交。

让利于人，追求双赢局面

"我知道洛杉矶有个人专门做杠杆收购。他在这门生意上已经坚持了35年了，而且取得了年均35%收益率的业绩。

他也是只收购服务类公司，但他不是那种买入标的公司100%的股份，然后从中拿出10%用于激励管理层的人。他基本上只买入60%的股份，其余40%的股份则留给标的公司的创始人。

他不买其他的，专门买那些服务类公司，因为他对服务类公司了如指掌。众所周知，服务类公司根本不存在存货、应收账款这些麻烦。戈尔投资服务类公司赚了很多钱，这个人使用杠杆收购的方式，也在服务类公司上赚到了每年35%的收益率。

他是一个很聪明的人，给管理层保留大量股份，这样一来，管理层就不会把自己当成员工。事实上，他知道原来管理层的优势在于他们对公司更了解，完全值得合作和依赖。"

2017年致股东的信

在投资领域，很多人具有零和思维，他们单纯地将市场看成一个利益固定的"大蛋糕"，这就意味着当参与切割蛋糕的人吃掉了一部分，其他人就必定会少吃一部分，大家属于绝对竞争的关系。还有一些人会觉得自己挣到的钱一定是因为其他人的亏损，同样，他们会认为，当其他人盈利的时候，意味着自己会出现亏损。当他们将市场当成一个零和博弈市场的时候，就会引起激烈的争斗，甚至会引发一些违规行为和不道德的竞争。

但事实上，无论是做生意，还是投资，完全可以成为一个正和博弈的市场，即参与的各方都可以获得自己想要的利益，而不是像零和博弈那样，一方挣钱必定意味着另一方遭遇亏损。比如，某人预备投资一家急需资金的公司，当公司获得资金后，维持了正常的生产和运营，还额外开辟了一条新的生产线，结果公司的营业额快速增长，个人的投资也收获了很高的回报。又比如，甲和乙进行交易，甲将苹果卖给邻村的乙，然后从乙那里购买山货，乙可以将苹果以更高的价格卖给村民，同样，甲将山货带回家后可以以更高的价格卖给本地的村民。

在一笔好的交易中，往往会产生"双赢"的局面，当然前提是要懂得让利于人，不要总是想着自己挣走所有的钱。就像很多厂家出售产品一样，为了确保利润最大化，往往会提升出售价格，并且拒绝代理商和经销商的参与，一件成本为30元的产品，他们会以60元的价格直接卖给消费者，这样虽然可以获得不少的利润，但是由于价格偏贵而且客户量少，整体的收益并不尽如人意。如果厂家懂得主动让利，成本30元的产品可以以45元的价格出售给消费者，实现薄利多销；或者也可以直接以

40元的价格大量出售给经销商，然后经销商可以用50元左右的价格卖给消费者。在整个过程中，通过让利给经销商，厂家的销量会几倍几十倍地增长，而经销商也在整个销售流程中获得一定的收益。

芒格说过一个优秀的投资者善于为自己的股东考虑，也会为自己的合作伙伴与客户考虑，在投资的过程中，他和巴菲特一直都坚持为客户负责，坚持对股东负责，对合作伙伴负责，积极让利给他们，而不是选择独吞所有的利益。

比如，很多投资者喜欢和股东抢利益，为了满足私利，他们可能会通过低价增发股票的方式来稀释现有股东的股权，或者会通过一些关联交易转移利润，将利润据为己有，还有一些管理者会想办法只融资不分红，严重侵害股东的基本权益。芒格和巴菲特非常讨厌这些行为，多年来也从未在伯克希尔公司内部实施这些小动作。

比如，很多投资者或者企业，会不断压低价格，从而压榨合作者的利益。就像通用电气公司那样，这家老牌公司最喜欢在谈判即将成功之时，提出新的条件，通过压榨供应商与合作商来保证自身利益的最大化。芒格对这样的行为感到厌恶，他曾经表示自己信奉的就是"双赢"的理念，他希望供应商可以信任自己，同时也会非常信任供应商，他不会无节制地从供应商那儿榨取利益。

比如，一些投资者在投资时持挣快钱的目的，他们会不断给管理者和经营者施加压力，让他们增发股票，然后通过发行股票套现离场，完全不在乎企业是否能够长久发展下去，也完全不在乎管理者是否能够拥有长久的经营机会。为了获得更多的利益，他们会果断牺牲掉企业和管理者的未来。

芒格和巴菲特很少收购标的公司全部的股份，他们更希望让原有的管理者继续经营和管理，除非对方的能力不足以担当重任。和那些投资或者收购后就迫不及待地更换管理层的投资人相比，芒格与巴菲特更希望打造一个"双赢"的局面，保留管理者的股权和权力，他们不会刻意去控制一家企业，在他们看来，投资然后获得收益就是最终的目的，而想要获得收益，就需要调动其他合伙人的积极性。

所以在投资的时候，他们往往有自己的原则和操作模式：

——没有必要的话不收购公司，尽可能保留原有管理者的股权，投资者尽量只入股，而不干涉管理工作，并且给予对方充分的信任。

——将公司收益用于再投资，确保股东可以获得更高的收益，当没有什么好的投资项目时，将收益返还给股东，让他们自己选择心仪的项目。

——拒绝挣快钱，注重公司投资标的的发展，并且愿意为公司的长远发展做出调整。

——在投资时，主动寻找那些具有互补特质的企业，这样就可以在合作时形成更好的默契，并且能够奠定长久合作的基础。

需要注意的是，在一些需要长期持有的项目上，投资者可以暂时放弃部分收益，将其用于公司的生产和经营，等到企业壮大之后再进行合理的利益分配。比如，某人投资了1000万元给某公司，每年的分红可以达到70万元，可是为了让企业得到更充足的发展资金，他连续5年放弃了这些分红，而是将分红继续投入企业的发展当中，并且这笔钱不作为投资者的成本投入。简单来说，投资者投入的1000万元连续5年都是免费投入，等到5年之后，公司的发展越来越好，他的年收益也达到了140万元。如果按照10年来算，投资者每年都拿走70万元分红，与5年后每年拿走140万元的分红是相同的，一旦时间拉长到20年，双方的差距就会凸显出来，投资者让利5年的投资行为最终会带来利润的翻倍。可以说，从长期投资的角度来看，暂时的让利是有助于保证收益最大化的。

强化个人的时间管理能力

"听起来似乎与常规知识不符，但一个人如果希望增加更多的自由时间并减少自身所承受的压力，那么就要合理安排好自己的时间。在生活中，如果有太多碎片化的时间，就会对个人的深度思考能力产生严重的负面影响。更加严重的是，这些碎片化的时间会妨碍学习能力的成长，导致看问题时只停留在表面，而无法进入深刻理解的层次上。"

2016年致股东的信

在谈到个人的成功时，芒格常常会强调一点：高效。如果更进一步进行分析，所谓的高效不仅仅体现在工作能力上，还和他出色的时间管理能力息息相关。了解芒格的人都知道，他是一个非常看重时间的人，作为一个功成名就的投资大师，芒格完全可以依靠大半生积累的财富安享晚年，随意支配自己的时间，但事实上他每一天都会进行合理安排，

什么时候进行思考、分析，什么时候用来阅读，什么时候开始工作，而且每一件事都严格做了时间规定，绝对不会相互干扰。

据说芒格有一个记事本，每天要做的事情他都会提前记录下来，然后给每一件事都设定一个具体的时间，不会让碎片化的时间干扰自己。芒格也有空闲时间，他会适当给自己安排一些娱乐时间，诸如，外出钓鱼、划船、玩桥牌、打高尔夫，以便调节个人的生活。不过在其余时候，他会牢牢把握住每一分钟，当他走路、乘坐电梯或者坐车的时候，他会思考各种问题；坐飞机出差的时候，则会随身携带一本书，以便在飞机上阅读。

由于善于利用时间，芒格的每一天都非常充实，他的生活和工作总是能够有条不紊地推进。也正是因为看重时间，芒格还是一个非常守时的人，从来不会轻易浪费时间，也不会浪费别人的时间。芒格有一个很好的习惯，那就是每次与别人会面，都会尽量在约定时间之前到达，这样做的目的一方面是避免自己迟到而耽误别人时间，另一方面则是担心对方早到了约会地点而白白浪费时间等待。

作为芒格在中国市场上的合伙人，李录对此深有感触。在刚刚相识的时候，李录得知芒格非常喜欢与人进行早餐约会，于是第一次共进早餐时就约定早上7:30见面，可是当自己准时赶到约会地点时，李录发现芒格早就坐在椅子上看完报纸了，这让李录觉得很不好意思。第二次，李录刻意提前了15分钟到达，但即便这样，芒格也早就坐在那儿看报纸了。第三次，李录干脆6:30就赶往约会地点，没想到芒格6:45就来了，手里拿着报纸，旁若无人地阅读。在等待的过程中，芒格不会浪费时间。还有一次，李录带着一位中国的年轻创业者去见芒格，芒格当天因为吃午餐而迟到了半小时，见面后，芒格向年轻人道歉，并解释了自己迟到的原因，让年轻人感到受宠若惊。

芒格是一个出色的时间管理者，他对于自己的时间掌控总是显得游刃有余，其他投资人和企业家可能一天到晚忙得焦头烂额，但芒格与巴菲特却很少出现这样的情况。他们虽然一天到晚都有事情可做，但实际上并不忙，两个人甚至每天都有时间抽空玩一会儿桥牌，而且两人都要比绝大多数投资者更加成功。如果不善于管理时间，如果不能够高效地运用时间，芒格不可能在97岁的高龄时，仍旧能够保持高效输出。

事实上，并不是所有人都具备芒格这样的条件，尤其是考虑到大多数人都需要将精力花在工作的具体事务上，即便是那些投资者，可能也需要花费大量时间来搜集信息、分析信息，寻求更好的投资机会，他们并不一定能够像芒格那样，对时间有着精细的安排。但是对于多数投资者来说，重要的是学习芒格的态度，至于管理时间的方法，可以选择一些更加适合自己的或者偏向大众化的类型。

比如，管理学家弗朗西斯科·西里洛发明了著名的"番茄工作法"，工作者可以选定一天要完成的工作，然后针对每一项工作设置番茄时间，一个番茄时间为25分钟，可以用闹钟进行设置，工作者必须保证在这25分钟内要专注在自己的工作上，不能被外界干扰。等到坚持25分钟，番茄钟响起，就在纸上画一个×，表示完成了一个番茄时间，休息5分钟之后接着开始第二个番茄时间。考虑到工作强度的问题，工作者可以在完成4个番茄时间后休息25分钟。"番茄工作法"以25分钟为工作时间单位，有效保证了工作者的专注度和效率。

除此之外，"六点优先工作制"也是比较实用的时间管理方法，这个方法主要是指工作者将一天要做的6件最重要的事情列出一张清单，排好次序。需要注意的是，工作者必须确保6件重要的事情顺利完成，不要将这些工作拖到第二天去做；每一件要做的工作在完成之后，需要用×做标记，并且简单写下完成工作的原因；一些工作需要长期来完成的，那么就需要在每一件工作上设定具体的完成量，只要实现这个完成的量就行。

以上这两种方法可以最大限度保证重要工作的自信，同时免予受到碎片化时间的影响，对于多数人而言，都是适用的。还有一点也非常重要，那就是芒格虽然是伯克希尔公司的"二把手"，还是《每日期刊》的董事长，但他并没有将全部精力用在那些琐碎的工作上，反而积极放权，让那些在各自领域内最擅长的专业人士去处理大小事务，他只负责一些最重要的投资事项，这样就有效提升了工作效率。所以对投资者来说，想要管理好自己的时间，还要懂得如何给自己减负，让更多的人才参与到相关工作中来，这样就可以将自己从烦琐的工作中解放出来，投入那些最能产生价值的工作当中去。

节省开支，培养生活俭朴的特质

"赚钱的秘诀是节约各项支出，选择俭朴的生活方式，沃伦和我在年轻的时候并没有钱，因此都是省着钱花，然后把节省下来的钱用于投资当中。我们就这样坚持了一辈子，然后现在变得如此富有，这个道理很简单，而且谁都明白。"

2019年致股东的信

作为亿万富翁，芒格在生活上一直非常低调俭朴，和巴菲特一样，他每天的生活都很简单，并没有像其他大富豪那样每天享受山珍海味，每天都通过挥霍自己的财富来享受生活。比如，很多富豪都会购买多架私人飞机，芒格很长一段时间内都讨厌这么做，据说同样低调的巴菲特有一次买了一架私人飞机，结果被芒格讥讽了很长时间，他还嘲笑巴菲特的新飞机应该取名"站不住脚号"。后来芒格特意为妻子购置了一架私人飞机，但他本人很少坐私人飞机，在他看来，私人飞机太费油，花

费太大，因此，一般只乘坐商用飞机的经济舱，只有带妻子出去旅游的时候，他才舍得坐自家的私人飞机，连孩子们也吐槽说只有跟着母亲出去，才有机会体验一把私人飞机。

在那些世界知名的超级富豪当中，芒格几乎是最低调的，虽然他也有一些房产，但这是因为他拥有八九个子女，还有更多的孙辈；他购买了船和汽艇，也是为了方便家人和朋友去钓鱼，这些产品就连普通的中产家庭也能消费得起，和那些豪华游艇相比，简直不值一提。

不该花的钱他从来不会乱花，过度消费的事情从来不做，这就是芒格的金钱观。早在年轻的时候，他就会认真存好每一笔钱，不借贷是他投资的一个原则，也是生活的一个基本准则，因为在他看来一个人如果不乱花钱，不去做浪费资本的事情，是可以存下钱来应对生活的，除非这个人有很大的野心，而自己的经济能力又无法支撑起这份野心。芒格更愿意把节省下来的钱用于投资，在他看来，这才是更有意义的事情。

> 在我还是少年的时候，偶然间读到了《巴比伦最富有的人》这本书，它教给我一个重要的知识，那就是不要让自己的开销超过收入，要懂得将收入扣除开销后余下来的钱用于投资。我后来对这个观念进行融会贯通，期待着收获心智复利，也正是因为如此，我决定把一天中最好的时间花在智力提升上。

芒格并不是很多人眼中的苦行僧，他并不反对享受生活，相反，他非常乐意按照自己的条件融入生活当中，体验生活的乐趣，但这种乐趣绝对不是挥霍无度和随意浪费，不是单纯的享乐主义。在对待个人的财富以及支配个人的财富方面，芒格的看法是节约每一分值得节约的钱，利用好每一分值得利用的钱，对他而言，让财富发挥价值或者说实现增值的最好方法就是投资。

尽管很少有人是因为存钱而成为富豪的，但存钱有助于开源，只有拥有更多的资本，才有机会把握住开源的机会。举一个简单的例子，很多年轻人习惯了超前消费，根本存不了什么钱，一旦出现投资机会，反而苦于没有资金而放弃。那些平时节约的人，会存下一笔钱用于投资，哪怕这笔钱很少，也可以先投资小项目，然后慢慢做大。同样，为什么很多破产的企业家和富豪很难重新崛起，其中一个很大的原因就是混乱而奢侈的消费习惯，他们已经习惯了过去那种大手大脚的生活，很难存下钱继续投资。

一个人想要获得更多的财富，那么首先就要做到节约，不该浪费的钱一分不能浪费，不需要的东西不要买，那些奢侈而不实用的东西不要买，不要超前消费和借贷，不要购买超出生活所需的产品。人们需要建立起良好的存钱习惯，并且制订一个长期的存钱计划。

——开设一个私人账户，将每个月的收入扣除基本支出以及一些活动资金之后，剩下的一笔钱存入这个私人账户，非到必要的时候不能取出来使用。比如，一个上班族每个月的收入是1.5万元，那么扣除房贷3000元之后，家庭的日常开支约为2000元，子女教育费用平摊到每个月大约为2000元，每个月的旅游、家庭聚餐、观影等活动基本会花掉3000元。按照这种消费模式，这个上班族每个月可以存下5000元，加上年底的奖金，每年大约可以存下10万元。这笔钱时间一长就会积少成多，成为日后投资或者创业的启动资金。

——找一个记事本，记录自己的每一笔消费，到月底进行总结，看看哪些消费是不需要的，看看哪些开支属于过度消费，存不存在超前消费行为，如果存在不良消费记录，那么下一次就要尽量避免再次出现。比如，某人每个月会进行4次脸部皮肤保养，会买3套衣服，这些开支显然太多了，应该在下个月适当减少。人们可以不断优化自己的消费结构，争取每个月存下来的钱越来越多。

　　——人们需要针对自己的消费习惯，设立许多小的心理账户，每个心理账户中设定一个安全消费值，超过这个消费值的行为就要即时终止，或者必须降低其他心理账户的消费值。比如，每个月用于家庭日常支出的心理账户为2500元，那么一旦日常支出即将超过2500元，就需要及时进行控制，尽量购买实用且廉价的产品。又比如，每个月的聚餐、旅游和娱乐活动的心理账户为2000元，一旦超过了2000元，多出来的那部分就要从其他心理账户中扣除，如将当月衣服购置的心理账户适当降低。

　　需要注意的是，节省下来的钱用于投资时，也要认真规划和使用每一分钱，不能随意浪费，杜绝那些不合理的支出，杜绝那些自己没有把握的投资，不要轻易冒险投资那些成本超出存款额的产品。

第九章

打造一个优秀的团队

着手内部改革，远离官僚主义

"在官僚主义泛滥的部门，作为部门内的既得利益者，官僚们早就习惯了接受一层又一层助手的服务，出席一场接一场的会议。局外人往往对官僚主义深恶痛绝，而内部人却觉得它再好不过了，在现代文明体系中，这无疑是一个巨大的悲哀。从某种意义上来说，现代文明的成功衍生了官僚主义，而官僚主义恰恰最容易孕育失败和愚蠢。难道不是吗？

官僚主义是现代文明中的一个痼疾，你看看有不少地方都被官僚主义搞得一团糟，想一想若是一下子把这些地方1/3的人给裁掉，一切就要顺畅多了，这绝对是让人感到舒心的一件事，当然不包括那些被踢出去的人。官僚主义会引发各种恶果和浪费，但是它就像衰老和死亡一样无法避免。对此，我们能做的就是尽可能让自己保持乐观的心态。"

2019年致股东的信

很多大企业往往会存在大企业病,其中,官僚主义就是最常见的企业病之一,而其中的原因就在于大企业人数众多、机构臃肿,内部沟通出现严重问题,并引发权力分配的问题。相比之下,伯克希尔公司就要好很多。

据说伯克希尔公司的总部只有二十几个人,而这家公司的员工却多达几十万,这就是巴菲特和芒格的高明之处,他们从一开始就将权力中心的人数降至一个安全水平,换言之,巴菲特和芒格只需要对这二十几个人进行管理即可。而这二十几个人基本上负责资源调配、人事安排、目标搜索、年度报告撰写等核心工作。就像芒格所说,整个伯克希尔公司总部没有几个人,这是伯克希尔公司能够保持高效运作的重要保障。

整个公司呈现扁平化的管理模式,纵向的机构非常少,一切都保持简化的模式。在整个伯克希尔公司内部,基本上不存在什么较大的小团队,也没有繁杂臃肿的机构,因此,根本不存在滋生官僚主义的土壤。伯克希尔的子公司都有专人负责,对方是专业领域的天才,巴菲特根本就不用操心经营管理和投资的问题,只要不是那些关乎伯克希尔发展的重要决策,巴菲特和芒格都不会过问。总部没有各种所谓的委员会,也不会要求子公司提交各类预算,事实上,巴菲特和芒格作为内部的核心人物,从来就没有从全局上做过哪怕一次的计划,因为没有必要,子公司自己就可以合理制订更具针对性的计划。伯克希尔公司内部有几位重要的内部审计员,总部会定期安排他们出去巡查,检查一下各子公司的运营和管理问题,一旦查到一些不合理的情况,就会立即上报,然后想办法解决，防止问题扩大。

不仅如此，巴菲特和芒格一直强调，必须将现金流控制在总部，各子公司产生的现金流最终都要集中到总部来处理、分配，以及再投资，子公司的管理者没有权力动用资金。这样做的好处就是将经济大权掌控在自己手中，有效避免了组织管理的混乱无序以及部门之间的摩擦。

芒格认为，伯克希尔虽然庞大，但是并没有像其他公司那样过于集权，没有采用中心统一的方式进行经营和管理，而是采取了更加分散的方式来经营，这是一种非常高效的分层运作模式，可以充分调动每一个成员的积极性。当然，仅仅依靠分散的方式，而没有相应的文化配合，企业也无法顺利运作，伯克希尔的企业文化有效推动和保障了公司的发展。

还有一点很重要，公司打造了一套能够及时反馈、处理问题的高效机制和企业文化，巴菲特曾经说过："在伯克希尔公司内部，有些人现在所做的事情肯定会令我们大家感到不高兴，但这是不可避免的，考虑到我们有25万人的队伍（2021年36万员工），幻想着每一天都不存在任何不良行为的概率是零。问题在于，如果我们遇到那些糟心的事情时能够马上处理，哪怕是那些只有一点点不正当可能性的行为，那么就可以大概率地减少那些不良行为。你们这些经理人对事情的态度，通过你们的行为和言语表达出来，将会是你们管理的公司形成的企业文化中最为重要的一个因素。文化，而不是企业规定手册，它将决定一个组织的行为举止。"

为了推动内部对不良事件解决的效率，巴菲特给股东提出了一个基本要求："如果你看到任何正当性和合法性让你感到犹豫不决的事情时，请务必打电话给我。"他还强烈要求股东不能等问题变得严重了才想起来上报，任何因为拖延或者瞒报而给公司造成严重损害的人都会受到严惩。在他看来，公司不需要那些很聪明但缺乏责任心的人，内部的每个人都有必要成为监督者和信息反馈者。

芒格认为，如果投资者想要成立一个团队，或者想要成立一家投资公司，那么就必须在制度、结构、文化、人员安排上做出合理调整，消除滋生官僚主义的土壤，让每一个人都能够在一个舒适的环境内工作，避免犯错，并且对官僚主义采取零容忍的态度。

——打造去中心化的组织结构，追求内部的扁平化管理，压缩内部层级机构，强化内部沟通；弱化和淡化领导者的角色，避免独断专行和"一把抓"的管理模式，充分授权和分权给其他管理者，提升工作效率。

——打造良好的团队文化和企业文化，培养团队成员的主人翁意识，培养员工对事负责的态度和文化，所有人需要对团队的发展负责，而不用对上级领导负责。

——强化内部的沟通，拓展沟通的渠道，平时要积极组织内部人员进行交流，并且开通上下级的沟通渠道，打破内部的"部门墙"和小团队主义，避免出现相互封闭的情况。

——完善内部的管理制度，实行责权统一的岗位责任制，只要某个环节出现了问题，那么负责这个环节的工作人员和管理者就要负起相应的责任，这样就可以有效避免内部的"甩锅"和"压榨"现象。同时要加强对官僚主义的惩治，一旦发现绝不姑息和纵容。

除了以上几种方法，管理者还必须拥有识人的能力，最好选择那些正直坦诚且具有正确价值观的人，这样就可以更好地控制内部的腐败现象。

寻找一个理想的合作伙伴

"李录希望我接受媒体采访，我就接受了这个建议，我根本没有多想。当记者向我提问时，我基本上也是有什么说什么。关于李录，我觉得，他不是一个普通人，我甚至觉得他就是中国版的沃伦·巴菲特，这个人特别有天分，我非常愿意支持他的工作。现在我已经95岁了，如果说我这一辈子只愿意把芒格家族的钱交给一个外人管理，那么这个人一定就是李录。李录在这份工作上做得非常漂亮，取得了令人惊讶的优秀成绩。众所周知，我在选人的时候向来都非常挑剔，选中李录之后，我做了对比，谁也比不上他。这是一个非常好的选人方法，因为当你找到一个合适的人选之后，只要没有人比这个更好，那就可以直接做出决定了。这个道理让生活变得更加简单。很少有人可以像李录那样出色，我要做的就是耐心等待，这是非常明智的做法，随着时间的流逝，你就能够体会到其中的妙处。其余的大多数人总是忙忙碌碌做一些无用功。"

2019年致股东的信

在投资的时候，很多投资者往往会注重打造一个强大的团队，过去很多投资者喜欢把好的团队定义成一堆优秀的人聚在一起投资，但事实证明那些单纯依靠优秀人才组合的团队往往难以取得预期的效果，而且团队组合内部很容易出现分裂的危机。其实真正理想的合作伙伴不应该仅仅停留在能力上，芒格多年来一直都在寻找适合自己的合作伙伴，能力只是其中的一个选项。

比如，巴菲特就是芒格眼中最理想的合作伙伴，两个人在一起合作了50多年，一直都保持默契，而且两个人很少会发生争吵，即便有什么分歧，也很快会通过温和的交流解决掉。和其他那些所谓的亲密战友相比，芒格与巴菲特之间更像是交新朋友，两个人平时很少联系，除了一同出席年会、股东大会以及接受媒体采访，芒格基本上一年也不会联系巴菲特几次。但两个人之间的关系是最紧密的，芒格将巴菲特当成一个极具天赋的搭档，并且认为他是最聪明、最勤奋、最喜欢学习的人。同样，巴菲特也是这样看待芒格的，他非常崇拜和尊重芒格，还将芒格当成伯克希尔最后的秘密武器。

芒格很少投资，其中一个重要的原因就在于找不到优秀的、合适的合作伙伴，巴菲特算是一个，李录也是为数不多的一个，还有就是《每日期刊》的同事，这些人的共同点——具有出色的投资能力，具有独立的思想，具有敏锐的商业头脑，具有理性的思维，而且他们的道德品质都值得信赖，这样的合作伙伴正是芒格心目中理想的人选。他对于自己的合作伙伴向来很放心，愿意听从他们的建议和意见，愿意放权给他们，在很多时候他甚至乐于当一个甩手掌柜，什么也不做，就挂一个名誉主席或者CEO的头衔，然后把相关的工作交给更擅长做这些事的合作伙伴。

比如，芒格就一直认为自己在《每日期刊》公司所发挥的作用非常有限，自己根本没有做什么太多的贡献，很多工作都是交给其他人完成的，自己非常轻松就能胜任CEO的位子，完全没有太大的压力，因为自己拥有一大帮出色的合作伙伴。

打造好的团队很难，就是因为很难找到适合自己的合作伙伴，彼此之间在一起工作要形成强大的能量，仅仅依靠能力属性还是不够的。当然，如果进一步进行分析，就会发现芒格一直都在强调彼此之间的匹配性，简言之，他们不仅要足够优秀，而且必须能够与自己产生合作的默契与火花，双方可以产生良好的化学反应，这也是他对投资者寻求合作伙伴，打造投资团队的要求。

比如，理想的合作伙伴之间有必要在能力、思维，或者性格上形成互补：有的人擅长经营，有的则擅长管理，有的善于营销，有的则善于成本控制；有的具有强大的战略思维，有的在战术操作上非常出色，有的具备逆向思维，有的具有逻辑推理思维；有的胆大自信，有的谨慎心细。互补型的组合往往会产生"1+1＞2"的效果，能够有效提升团队的竞争力。

又比如，理想的合作伙伴之间应该具有更多的共同语言、共同的生活习惯和相似的理念，大家有着共同的理想和价值观，有着相似的生活阅历和经验，有很多共同的兴趣爱好，他们之间会有很多话题可聊，能够产生良好的互动。就像他和巴菲特一样，在第一次见面的时候，两个人就因为对投资方面出色的领悟能力以及相似的理念而相互吸引，相互赞美，这一次的见面使得两个人结下了几十年的友谊。平时两个人虽然不常见面，但是由于在生活和工作方面的理念有很多共同点，双方之间的交流非常愉快，而且会进行深度交流。

另外，理想的合作伙伴必须彼此信任，彼此监督，彼此促进。信任是芒格强调的合作基石，只有相互信任，才能在合作中相互依赖，并且竭尽全力，拧成一股绳。监督是合作的基本保障，缺乏监督的团队很容易出现内乱，只有相互监督才能将问题扼杀在摇篮中，确保各自的工作顺利展开；相互促进是成长的需求，一个完美的团队应该不断进步，而这种进步应该是共同进步，大家应该互帮互助，相互激励，推动彼此的发展。

当然，真正合得来的伙伴，真正可以长时间组成优秀组合和优秀团队的人，必须相互敬重且能够平等相待。当人们能够跨越经济地位、个人实力、社会权力的差距，像朋友一样真诚相处、平等相待的时候，就会拉近彼此之间的距离，并且真正形成强大的团队。

隐藏自己的智慧，凸显他人的聪明才智

"《每日期刊》成立Journal Technologies公司开展软件业务的时候，我已经是一个高龄的老人了，盖林给我提出了一个很好的建议，我于是听从了盖林的想法和建议。而杰里主要负责具体的业务，他一直做得非常出色。我几乎没做出什么贡献，大部分都是盖林和杰里两个人的功劳。我所能做的只是给他们鼓掌而已，我一直都很卖力地给他们鼓掌。"

2019年致股东的信

在投资行业，人们更希望通过强大的自我展示来赢得更多人的关注，一方面这样做可以提升自己的形象，获得更多合作者（包括其他投资者与投资标的公司）的青睐；另一方面自我表现也有助于他们赢得上级领导的重视，从而为自己赢得更多、更好的发展机会。所以很多投资者会努力展示自己的实力，让自己看上去更加聪明，甚至有意在别人面

前表现和炫耀。

但是芒格对于这种行为却很不理解，在他看来，个人的确有自我表现的需求，但考虑到内部竞争的因素，很多时候保持低调的态度，适当隐藏自己的才能和智慧，才是更为明智的选择。芒格曾经谈到自己的一个同事查克，他曾经以全班第一的成绩从法学院毕业，绝对是一个能力出众的人，甚至进入最高法院工作，而且还当过律师，但他的毛病在于总是觉得自己很优秀，并且乐于在别人面前炫耀自己的智慧，表现出见多识广的样子，这让身边的领导和同事感到很不舒服。

某一天，查克上司的一位高级合伙人将他叫到办公室，然后非常直接地给予了忠告："听好了，查克，我必须同你严肃地谈论一些事情，你的工作和职责是确保让客户可以感觉到自己就是房间里最聪明的那个人，如果你完成了这个任务并且有足够的精力，那也应该用来衬托你的高级合伙人，以便让他看起来就是房间里第二聪明的人。我想你只有做好了这两件事情，才可以表现自己。"

这件事让查克恍然醒悟，也让芒格有了很深的感触，在很长一段时间内，自己也是别人眼中的天才人物，虽然自己向来表现得低调，但有时候难免因为无法掩饰自己而给身边人造成困扰，尤其是在团队中，个人如果太喜欢表现自己并不是什么好事。芒格谈到了年轻时候玩扑克牌的事，作为一个资深的玩家，芒格的扑克牌技还是非常不错的，因此，他经常会在玩牌时，向上级炫耀自己的牌技，并且经常口无遮拦地告诫对方"自己在牌局上可是专家，比谁都要了解得更多"，芒格自己觉得没有什么，但在无形中就得罪了上级和一些同事。

芒格认为，自己在年轻时犯了和查克一样的错误，他们都太喜欢表现自己了，都忍不住要在别人面前炫耀自己的聪明才智，但是真正的聪明人永远不会炫耀，而是谨慎地隐藏自己的智慧，并且想办法衬托和凸显他人的能力和智慧。这就是为什么芒格在加入伯克希尔和《每日期刊》之后，一直都保持低调的原因。他平时很少讲话，愿意将所有的风光留给巴菲特，并且坚信没有自己，巴菲特也能处理好所有事情，因为对方一直都是最聪明的投资者。相比于站在镁光灯下，他更愿意舒舒服服地坐在角落里听讲。即便在《每日期刊》公司，芒格也不会因为自己的资历、智慧和名声来表现自己，他从来不会将自己凌驾于所有人之上，每一次的《每日期刊》年会，芒格都会慷慨地将功劳让给其他人，他总是将自己描述成一个"为他人鼓掌"的管理者。

芒格的这个经验对投资者来说非常重要，要知道很多投资者仍旧停留在"用我个人的能力去改变一切"的想法中，他们缺乏团队观念，缺乏协作意识，很多时候会将投资工作当成个人的表演秀和发展机会，却没有一个更加长远的、全面的认知。他们在团队内的人际关系往往不会很好，甚至会很糟糕，整个团队也容易出现内部矛盾。一个真正聪明的投资者会适当隐藏自己，将自己放在一个更加谦卑、更加弱势的位置上，适当将表现的机会让给他人，以此来换取更大的信任与合作的默契。

——不要总是主动邀功，更不能抢功，当工作顺利完成的时候，要懂得适当把功劳让给其他人，避免将团队的胜利果实据为己有，或者把团队当成自己的私人队伍。

——开会或者交谈的时候，不要总是想着"承包"那些重要的观点，有时候要懂得把重要的观点留给领导或者合伙人说，避免太出风头。

——即便自己能够做某件事，也要懂得隐藏实力，适当装傻，把机会让给其他人，或者向领导推荐其他人去执行。

——经常向别人请教问题，在一些关键问题上征求他人的意见和建议。即便他人并没有给出自己想要的答案，或者没有给出令自己满意的答案，也要强调自己受益匪浅。

——当自己与他人发生分歧的时候，要懂得认真倾听，即便他人的想法是错误的，也要从中找到一些合理的地方进行赞美，强调对方给自己带来的补充、完善和启发。

——识破他人的想法时，不要轻易说破，继续装作不知道，尽量维护对方所营造的神秘感。

总的来说，对于投资者，适当隐藏自己的智慧，凸显他人的聪明才智，有助于维护内部的和谐与稳定。提升整个团队的竞争力和工作效率，是打造优秀团队的一个重要保障。

塑造强大的企业文化

"公司文化对公司的成功非常重要,好市多就是这样,它拥有令人惊讶的成长过程,很少有公司会像它一样,从一家小公司慢慢成长,发展到如今这么大的规模。那一类公司之所以能够获得持续的、高速的发展,原因在于他们创造了一种深厚的文化。狂热而执着地投入成本、效率、质量之中,他们尊重那些美好的事物,从那些公司的发展来看,可以看出企业文化的重要性。"

2021年致股东的信

很多投资者会重点把握企业的一些基本面,会进行定量分析,他们只看重企业的营收情况、现金流、净收益以及增长率,但芒格则会在进行定量分析的同时,进行定性分析。在芒格的企业价值评估体系和定性分析中,企业文化是一个重要的元素,良好的企业文化是芒格比较看重的。如果一家企业拥有优秀的企业文化,而且发展还非常不错,那么芒

格往往会将其作为投资的候选标的。

可口可乐、好市多、比亚迪、苹果公司，这些企业之所以被芒格看好，其中一个原因就是它们拥有非同寻常的企业文化。这些企业在经营和管理的过程中，具备强大的文化管理属性，所以即便它们更换了领导者，即便它们内部人员结构发生了变动，即便它们面临着新的环境，也能够及时做出有效的调整。

正因为企业文化的重要性，芒格也一直要求自己所在的公司和团队必须想办法塑造出色的企业文化，通过企业文化来完善内部的管理。在谈到内部管理问题时，芒格提出了"团队中的团队"的概念，主要是强调将不同团队及团队成员凝聚在一起，形成一个无缝连接的组织网络的运作模式。在这个团队中，大家相互信任、相互帮助，团队中没有任何人是不可或缺的，团队中的决策者也不再集权，而是将决策权授权给团队的负责人，然后为他们提供相关的信息和背景，并确保所有人为同一个目标而奋斗。正像芒格所说的那样，无论是国家还是企业、团队，文明的最高水平，就是形成一个所有人都关心的、信任的无缝系统。所以一个文明所能达到的最高形态，其实就是打造一个值得信任的无缝网络，整个网络中不存在烦琐的步骤和程序，人们相互信任，拥有共同的理念和价值观，拥有相互契合的能力，大家共同推动团队的发展和进步。

芒格认为，一个优秀的团队应该依靠企业文化进行管理，而不是依靠某一个出色的领导。任何一个依赖超级明星成长起来的企业都是脆弱的，因为当超级明星退休或者离开之后，企业的整个体系就会瞬间土崩瓦解，而那些打造了优秀企业文化的企业则能够继续保持良好的发展态势。当然，不同的企业拥有不同的企业文化，比如，在伯克希尔公司，企业文化中就包含了很多重要的元素：去中心化的管理模式、信任与分权、保守与理性、长期投资、集中投资等。华为公司的企业文化强调的是奋斗、团结合作、市场导向等，苹果公司的企业文化是创新文化、内部分权、对工作负责的文化。对于优秀企业来说，大都拥有一些共同点，比如：以市场为导向，注重客户体验；强调内部的团队合作、追求长远的发展。

企业文化对企业发展至关重要，但它并不是凭空出现的，它需要管理者与全体成员共同努力，需要一个较长的发展过程，而且应该不断发展、调整和完善，直到它符合企业的发展状况。从这些方面来看，在塑造企业文化的时候，通常都需要注意以下几个方面的内容。

第一，对自己的团队进行认真分析，找出企业在运作当中存在的一些基因和文化特质，团队可以依据这些基因和文化特质进行延展，在此基础上塑造企业文化。比如，苹果公司在乔布斯的带领下，最早体现出了对创新的苛求与重视，因此，创新文化成为苹果公司重点抓住的文化特质。华为也是如此，从一家小公司开始发展，任正非带领团队艰苦奋斗，一步一步壮大起来，艰苦奋斗的文化成为华为最重要也是最根本的文化基因。

第二，在塑造企业文化的时候，一定要将文化特质付诸实践考核，通过具体的实践活动来验证文化的契合度，通过实践活动来调整企业文化。一个企业文化的出现往往就是在实践中发展起来的，团队可以在实践中找到真正适合自己的文化特质，然后将其进一步完善，形成内部的文化。在芒格看来，好的企业文化不是口头协定或者一种制度，管理者坐在一起开会，是难以形成企业文化的，必须在实践中去完善。

第三，企业文化的内容多种多样，表现形式也多种多样，为了在团队成员中形成良好的印象，并产生固定的认知，就需要在口号宣传、制度制定、文化宣传、培训活动等多个层面的工作上入手，寻求文化内容的整合与提炼，同时借助这几个方面来强化文化的理念。

第四，要完善考核工作，考核的内容不能仅仅停留在工作业绩的考核上，还要注重道德品质的考核，以及注重内部的相互评价。比如，一个人的专业能力很强，业绩很突出，但是为人过于孤僻、不合群，没有团队意识，个人的道德品质不合格，在同事的眼中没有什么优点，那么在年终考核的时候，个人的总分肯定不会太高。完善的考核体系有助于强化企业文化的影响力。

第五，企业文化的塑造离不开一个有能力的领导者，企业文化的形成往往离不开领导者的能力和魅力，他们会积极推动企业文化的建立，会推动企业文化的完善和发展。当领导者在经营管理方面表现很优秀的时候，他的个人影响力就会特别突出，对于员工的约束和引导更加强大，有助于企业文化在团队内部的扎根和传播。

培养出色的接班人

> "要是巴菲特真的不在这儿了,难道可口可乐就不再卖可乐了?要是巴菲特不在这儿了,难不成吉列就不再卖刀片了?"
>
> 1996年致股东的信

最近几年,经常会有人询问芒格有关接班人的问题,无论是伯克希尔公司,还是《每日期刊》,关于接班人的问题就一直没有断绝过,主要原因在于芒格和巴菲特都已经90多岁,不会再像过去那样有精力去掌控一家公司了,他们也自知时日无多,希望选好接班人来接管整个公司的经营管理工作。

比如,巴菲特早在三四十年前就谈到了接班人的问题,那个时候他有几个不错的人选,但一直都处于观察之中,没有做出决定。随着年岁的增长,他心目中的人选多次发生了变动,但基本的标准没有变,如在

2006年的致股东的信中，芒格和巴菲特就谈到了伯克希尔挑选接班人的标准：

——足够年轻且有潜力管理大型投资组合。

——能够辨认及规避重大风险。

——可以独立思考，拥有稳定的心智，能够敏锐洞察人性和组织行为。

——对伯克希尔保持忠诚，愿意长久留任在公司。

最近几年，芒格和巴菲特对于接班人的道德品质也有了要求，符合以上几个条件的人并不多。而格雷格·阿贝尔就是巴菲特最看好的一个。巴菲特和芒格都认为对方是一个聪明人，投资的风格、理念、原则与巴菲特非常像，他可以带领公司在正常的轨道上继续发展下去，而且整个公司基本上也认为当巴菲特退位之后，阿贝尔就会成为新一任的CEO。

阿贝尔也展示出了强大的个人能力，在2020年新型冠状病毒肺炎疫情肆虐期间，伯克希尔公司的发展受到了很大影响，很多投资都出现了亏损，就连巴菲特本人也做了很多糟糕的投资，可是在整体收益下滑的时候，阿贝尔是少有的亮点，他负责的能源、公用事业、汽车、制造、零售等非保险业务却有着出色的业绩，成为2020年公司内部少有的经济增长点。

芒格认为，阿贝尔是一个非常合格的接班人候选者，同样，在《每日期刊》也是如此，芒格曾经就谈到了杰瑞·萨尔曼：

我和杰瑞在20世纪70年代一起工作，我早就意识到他可以做到自己想要做的一切事情。当上一任CEO去世时，杰瑞正在应付蒙哥马利律师事务所的商业事务。之前他为里克和我工作过，经营我们控制的一个基金，他做得很棒，我对他的印象非常深刻。有一次，我告诉里克，应该让杰瑞成为公司负责人，里克有些担心，毕竟杰瑞从来没做过和报纸相关的工作，我相信杰瑞可以做到。在那之后，杰瑞成功应聘，并且做得非常出色。

作为团队内的重要组成部分，芒格在很多时候并不愿意过多表态，他更加愿意将机会让给其他人。在接班人选择上，他倒是愿意为管理层做一些指导，在他看来接班人事关企业未来的管理和发展，一定要慎重处理。在芒格看来，一个优秀的接班人必须具备一些特质：

——强大的经营管理能力，能够带领团队继续向前发展，他的战略规划能力、资源调配能力、风险控制能力、对事物的全局规划和把握能力，以及对于下属员工进行管理的能力，必须达到顶级水平，这样才能确保团队的凝聚力，同时保证团队的竞争力。

——对企业和股东认真负责，忠于职守。

优秀的接班人必须忠于自己的企业，必须对全体股东负责，他在决策和工作的过程中，应该坚持以集体利益和股东利益为先，不能存有太多的私心，不能将个人利益凌驾于团队利益之上。那些缺乏团队概念的人，往往不适合接班。

——拥有良好的道德品质和正确的价值观。

对于企业管理者来说，选择接班人的一个重要要求就是对方必须三观正确，在道德品质和价值观上过关，因为接班人的个人形象往往代表了整个团队和企业的形象，如果接班人的道德和价值观都存在严重问题，那么就会导致企业的形象受到冲击，这对企业的发展极为不利。因此，在选择接班人时，道德考核与价值观审核是重要内容。

——具有强大的意志力。

作为团队和企业的"领头羊"，接班人承担巨大的责任，也面临着巨大的压力，能够承受挫折、失败带来的巨大压力，能够在一些重大决策上顶住外部压力，能够长期保持良好的工作状态，这是接班人必备的心理素质，也是他们寻求成长的一个基本保障。

——理性而冷静的头脑。

对于很多团队来说，他们更希望找到一些敢于冒险，具有魄力的接班人，因为这种性格的人往往具有开拓精神，会在很多项目和领域内开辟新的天地。相比之下，芒格认为，接班人保持理性和谨慎更加重要，因为接班人本身就代表着整个团队，必须对团队内部的股东、员工以及客户负责，不能轻易拿全体参与者的利益冒险，理性且冷静的大脑有时候反而是接班人最需要的。

除了注重接班人的能力和素质，管理者还需设定一个接班人培养的计划，对候选人进行重点观察、培训，安排他们参加实践活动，并接受各种各样的考核。一般来说，企业需要提前几年进行培养，给予接班人更多的成长时间和成长空间，同时也能留出足够多的观察时间。

好的团队首先要注意保障股东的利益

"如果你只是为了股价涨到更高位置上而回购股票,那就是一种非常不道德的行为。但如果回购股票是因为符合股东现有的利益,而且不违背公平原则,那么就可以说是一种道德高尚的行为,任何批评它的人都是疯子。"

2021年致股东的信

在投资当中,投资者或者投资机构除了注重投资技巧,还要重点关注股东,尤其是一些投资机构,往往会吸引股东入股,可以说它们的顺利运作离不开股东的支持。不过在很多时候,投资者或者投资机构拿了股东的钱,却未必会站在股东的立场上进行操作。

巴菲特就说过,和自己共事过的很多公开上市公司的董事都具有独立性,但他们对产业了解极其有限,而且不会站在股东的立场上思考问题,更不会为了维护股东利益而质疑那些不当的收购以及不合理的薪资报酬。他自己也后悔曾经没有在公司管理层做出违背股东利益的行为时站出来替股东说话，以至于股东的利益受到了损害。

为了保障股东的利益，巴菲特提出了一些基本的做事法则。

首先是理智原则。所谓的理智原则实际上就是一种依据具体事项针对性做出调整的理念。比如，在通常情况下，管理者会想办法将股东的收益继续用于投资某些高回报的项目，可是一旦再投资的回报率偏低，管理者就需要及时调整，让股东自己去支配原有的收益和分红，让他们自己寻找更具优势和高比率的项目。

其次是坦白原则。坦白原则是指管理者必须如实地将企业发生的事情告知股东，尊重他们的知情权。有很多企业管理者缺乏承受能力，更加倾向于报喜不报忧，为了避免股东对自己失去信任，他们可能会隐藏和掩饰一些亏损和风险，掩饰个人的过失和不当的工作行为，转而强调那些好的信息。对股东的隐瞒不仅会影响彼此之间的合作与内部的团结，而且还会因为无法及时处理危机而导致风险越来越大。对股东坦白不仅能赢得股东的信任，还能及时解决问题，避免问题不断放大。

最后是抵制机构的强迫命令原则。简单来说，管理人员为了维护股东的正常利益，会进行独立思考，独立判断和决策，不会事事听从高层领导，当高层的决策明显出现错误并侵犯了股东的基本权益时，管理人员就可以抵制那些强迫性的命令。

芒格认为，如今有很多投资者以及投资机构一味重视投资和扩张，甚至将股东的钱当成自己投资的资本，往往忽略了自身的服务属性，他们冒险激进，缺乏合理的风险控制，根本不担心自己会亏损（在他们看来，反正钱不是自己的，亏损了也是股东们的损失），这种心态往往会导致他们失去股东的信任，难以把生意做大做强。还有一些人在投资的时候，只看重这项投资能不能给自己带来很大的收益，如果不能满足自己的私利，他们就会放弃，即便这项投资对股东们非常有利。比如，很多人希望短时间内实现身家的保障，因此，更加倾向于投机，而忽略那些具备长期投资价值的优质企业，最终导致股东失去了长远发展的机会，还承受着投机的巨大风险。

正因为如此，在过去很长一段时间，芒格一直坚持从股东的利益出发，去寻找最能增加收益的项目。他有一个基本的投资理念，那就是必须保证1美元的投资收益或者创造的市场价值大于1美元，如果1美元的留存收益所创造的市场价值小于1美元，他就会建议公司内部进行分红，然后让股东拿着分红自己寻找更好的投资机会。很多人批评芒格和巴菲特不喜欢分红，但问题在于如果有机会让股东挣到更多的钱，为什么还要分红呢？无论是分红还是不分红，本质都是为了确保股东收益最大化。

芒格认为，投资者如果想要打造一个优秀的团队，那么一定要注意保障股东的利益，一定要懂得从股东的立场出发去思考问题，并且积极完善内部的管理机制，为股东的合法权益保驾护航。比如，要塑造良好的企业文化，将公司利益和股东利益放在第一位，任何管理者和负责人都必须谨守这样的投资理念，任何投资决策的制定都必须考虑到股东的利益，管理者和决策者要懂得权衡，避免冷落了股东。公司内部相关制度的制定、相关规则的制定，都要凸显出为股东利益服务的特性，对于那些违反了制度和规则的人，则要进行惩罚，从而促使内部形成良性的服务文化。

公司内部要经常进行良性互动和沟通，管理者要主动倾听股东的想法，比如，询问股东对于投资的看法，接收股东对于决策的一些反馈，尤其是在一些重大决策上，一定要倾听股东的意见和建议，并保证股东的表决权。公司还应该给予股东查询资料、监督与审核的权力，公司有必要设定一些监督机构，确保内部信息流通的透明。还有一点也很重要，公司想要保障股东的权益，就需要打造一个透明的、公平的权益分配体系，确保每一个股东都可以获得自己的合法利益。

总的来说，股东是企业重要的组成部分，也是公司资金的重要来源，股东权益是否得到有效的保护，往往决定了公司的发展能否持续下去。对一家优秀的公司来说，保障股东利益是一个基本的职责，也可以体现优秀公司的素养，毕竟一家公司如果以股东利益为先，那么必定会受到更多的关注，内部也更容易形成强大的凝聚力。